图书在版编目（CIP）数据

中国化时代化的马克思主义行 / 林建华著. --北京：中央编译出版社，2025.3
ISBN 978-7-5117-4469-2

Ⅰ.①中… Ⅱ.①林… Ⅲ.①马克思主义—发展—研究—中国 Ⅳ.①D61

中国国家版本馆CIP数据核字（2023）第159486号

中国化时代化的马克思主义行

策　划	张远航
责任编辑	周雪凝
责任印刷	李　颖
出版发行	中央编译出版社
网　址	www.cctpcm.com
地　址	北京市海淀区北四环四路69号（100080）
电　话	（010）55627391（总编室）　（010）55627311（编辑室）
	（010）55627320（发行部）　（010）55627377（新技术部）
经　销	全国新华书店
印　刷	廊坊昌能印刷有限公司
开　本	710毫米×1000毫米　1/16
字　数	213千字
印　张	19.25
版　次	2025年3月第1版
印　次	2025年3月第1次印刷
定　价	88.00元

微博：@中央编译出版社　微信：中央编译出版社（ID: cctphome）
淘宝店铺：中央编译出版社直销店（http://shop108367160.taobao.com）
（010）55627331

常年法律顾问：北京市吴栾赵阎律师事务所律师　闫军　梁勤
本社常年法律顾问：北京市吴栾赵阎律师事务所律师　闫军　梁勤
凡有印装质量问题，本社负责调换，电话：（010）55627320

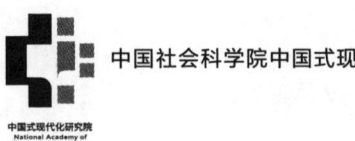

中国化时代化
马克思主

林建华 —— 著

目 录

序言　学思想：强国建设、民族复兴的根本要求和政治任务 / 001

上 篇
以理论创新推进马克思主义中国化时代化

新时代中国特色社会主义的历史方位 / 003
拥有科学理论指导是我们党鲜明的政治品格和
强大的政治优势 / 014

马克思主义中国化时代化新境界 / 022

习近平新时代中国特色社会主义思想的世界观和方法论 / 043

"五个牢牢把握":学习二十大精神的"金钥匙" / 057

"五个必由之路"与"五个重大原则"的新时代意蕴和旨归及逻辑机理 / 065

"金山银山与绿水青山"关系的逻辑理路 / 082

伟大变革的重大意义与深远影响 / 095

中国特色社会主义建设规律认识的新跃升 / 102

中 篇
以中国式现代化全面推进中华民族伟大复兴

中国共产党的百年奋斗与实现中华民族伟大复兴 / 115

坚定不移推进中华民族伟大复兴历史进程 / 129

守正与创新:中国式现代化的正道 / 140

新发展理念是现代化建设的指导原则 / 148

全面建设社会主义现代化国家战略布局的科学性和必然性、中国意义和世界意义 / 156

共同富裕:中国共产党始终不渝地接续探索 / 181

全过程人民民主是社会主义民主政治的本质属性 / 190

谱写全面建设社会主义现代化国家新篇章 / 198

人类文明新形态的意蕴和旨归 / 205

下 篇
强国建设、民族复兴关键在党

中国共产党是什么、要干什么 / 213

"以政治建设为统领"与"以经济建设为中心"的深层逻辑 / 222

解决如何始终统一思想、统一意志、统一行动难题 / 228

如何始终保持干事创业精神状态 / 239

以党的自我革命引领社会革命的新时代意蕴和旨归
及其逻辑机理 / 245

树牢群众观点,凝聚磅礴力量 / 265

"三个务必"的新时代意蕴和旨归 / 273

结束语　归根到底是马克思主义行,是中国化时代化的马克思主义行 / 284

序言　学思想：强国建设、民族复兴的根本要求和政治任务

新时代新征程，强国建设、民族复兴的宏伟目标令人鼓舞、催人奋进。学习贯彻习近平新时代中国特色社会主义思想，根本任务是坚持学思用贯通、知信行统一，把党的创新理论转化为坚定理想、锤炼党性、指导实践、推动工作的强大力量，使全党始终保持统一的思想、坚定的意志、协调的行动、强大的战斗力，努力在以学铸魂、以学增智、以学正风、以学促干方面取得实实在在的成

效。正是在这个意义上,学思想,坚持不懈用习近平新时代中国特色社会主义思想凝心铸魂,是强国建设、民族复兴的根本要求和政治任务。

一、全面学习领会习近平新时代中国特色社会主义思想

马克思主义是我们党立党立国、兴党兴国、强党强国的根本指导思想。习近平新时代中国特色社会主义思想是马克思主义中国化时代化的最新成果。

马克思主义博大精深,归根到底就是一句话:为人类求解放。近代中国的历史任务是民族独立、人民解放和国家富强、人民幸福。马克思主义的历史使命与近代中国的历史任务高度契合。十月革命一声炮响,给中国送来了马克思列宁主义。同时,马克思列宁主义来到中国,也有一个"服中国的水土"的问题,也有一个在传播中不断增添新的内容的问题,也就是马克思主义中国化时代化的问题。推进马克思主义中国化时代化是一个追求真理、揭示真理、笃行真理的过程。在这一过程中,党的理论创新与创新理论相辅相成、相得益彰,我们党先后创立和发展了毛泽东思想、邓小平理论、"三个代表"重要思想、科学发展观。中国共产党人深刻认识到,马克思主义只有中国化才能落地生根,只有本土化才能深入人心,只有时代化才能充满生机。

思想就是旗帜,思想就是方向,思想就是力量。恩格斯指出:"一个民族要想站在科学的最高峰,就一刻也不能没有理论思

维。"①2022年1月11日,习近平总书记在省部级主要领导干部学习贯彻党的十九届六中全会精神专题研讨班开班式上的重要讲话中也强调指出:"一个民族要走在时代前列,就一刻不能没有理论思维,一刻不能没有正确思想指引。"②党的十八大以来,中国特色社会主义进入新时代。这是一个需要思想理论的时代,是一个产生思想理论的时代,也是一个在伟大变革中不断推进思想理论向前发展的时代。坚持马克思主义基本原理同中国具体实际相结合、同中华优秀传统文化相结合,以习近平同志为主要代表的中国共产党人,顺应新的时代要求,结合新的伟大实践,系统科学回答了新时代坚持和发展什么样的中国特色社会主义、怎样坚持和发展中国特色社会主义,建设什么样的社会主义现代化强国、怎样建设社会主义现代化强国,建设什么样的长期执政的马克思主义政党、怎样建设长期执政的马克思主义政党等重大时代课题,创立了习近平新时代中国特色社会主义思想。

习近平新时代中国特色社会主义思想回答了中国之问、世界之问、人民之问、时代之问,以全新的视野深化了对共产党执政规律、社会主义建设规律、人类社会发展规律的认识,为丰富发展马克思主义作出了原创性贡献,为传承发展中华优秀传统文化作出了历史性贡献,为推动人类文明进步事业作出了世界性贡献。习近平

---

① 《马克思恩格斯选集》第3卷,北京:人民出版社,2012,第875页。

② 《继续把党史总结学习教育宣传引向深入　更好把握和运用党的百年奋斗历史经验》,《人民日报》2022年1月12日第1版。

新时代中国特色社会主义思想是当代中国马克思主义、21世纪马克思主义,是中华文化和中国精神的时代精华,是人类文明和世界智慧的时代精华,谱写了马克思主义中国化时代化新的篇章,实现了马克思主义中国化时代化新的飞跃,开辟了马克思主义中国化时代化新的境界,使马克思主义始终保持着无限的蓬勃生机和旺盛活力。

在当代中国,坚持和发展习近平新时代中国特色社会主义思想,就是真正坚持和发展马克思主义。新时代新征程,学思想,就是全面学习领会习近平新时代中国特色社会主义思想,就是坚持高举马克思主义伟大旗帜、中国特色社会主义伟大旗帜不动摇,就是坚持习近平新时代中国特色社会主义思想指导地位不动摇。

二、深刻领会把握习近平新时代中国特色社会主义思想的主要内容、精髓要义

时代是思想之母,实践是理论之源。坚持用马克思主义之"矢"去射新时代中国之"的",马克思主义的中国篇章、新时代篇章是中国共产党人依靠自身力量实践出来的,贯穿其中的一个基本点就是中国的问题必须从中国基本国情出发,由中国人自己来解答。这就是新时代的"解决中国问题,创造些新的东西"。

世界百年未有之大变局加速演进,世界之变、时代之变、历史之变以前所未有的方式展开。习近平新时代中国特色社会主义思想,正是在把握世界发展大势、维护人类共同利益、推动中国与世界携手并进的过程中创立并不断丰富发展的。中华民族伟大复兴

进入关键时期,实现中华民族伟大复兴进入了不可逆转的历史进程。习近平新时代中国特色社会主义思想,正是在中华民族迎来从站起来、富起来到强起来的伟大飞跃中创立并不断丰富发展的。中国式现代化全面推进拓展,新时代中国共产党人矢志不渝以中国式现代化全面推进中华民族伟大复兴。习近平新时代中国特色社会主义思想,正是在成功推进和拓展中国式现代化、推动人类文明发展的历史进程中创立并不断丰富发展的。科学社会主义在21世纪的中国焕发新的蓬勃生机。中国特色社会主义道路越走越宽广,使世界上正视和相信马克思主义、社会主义的人多了起来,使世界范围内两种意识形态、两种社会制度的历史演进及其对比发生了有利于马克思主义、社会主义的重大转变。习近平新时代中国特色社会主义思想,正是在对科学社会主义理论与实践的深邃思考、深刻总结,对坚持和发展中国特色社会主义的不懈探索、砥砺前行中创立并不断丰富发展的。新时代,中国共产党找到了自我革命这个跳出治乱兴衰历史周期率的第二个答案,开辟了自我革命新的境界。习近平新时代中国特色社会主义思想,正是在党不断实现自我净化、自我完善、自我革新、自我提高,变得更加团结统一、更加坚强有力,以伟大自我革命引领伟大社会革命的过程中创立并不断丰富发展的。

习近平新时代中国特色社会主义思想,在新时代伟大实践中创立,随着新时代伟大变革而丰富发展。党的十九大提出的"八个明确""十四个坚持",党的十九届六中全会提出的"十个明确""十三个方面成就"等,概括了习近平新时代中国特色社会主义思想的主要内容。党的二十大提出"六个必须坚持",概括阐述了习近平新时代中国特色社会主义思想的世界观、方法论和贯穿其中的立场观点方法。学深悟透习近平新时代中国特色社会主义思想,重要的是准确把握包括"六个必须坚持"在内的习近平新时代中国特色社会主义思想的立场观点方法,并将其转化为思想武器,内化于心、外化于行。只有这样,才能更好领会习近平新时代中国特色社会主义思想的精髓要义,认识问题才站得高,分析问题才看得深,开展工作也才能把得准,确保张弛有度、收放自如。

习近平新时代中国特色社会主义思想内容涵盖改革发展稳定、内政外交国防、治党治国治军等方面,凝结着我们党认识世界、改造世界的宝贵经验和重大成果,体现了理论与实际相结合、认识论与方法论相统一的鲜明特色,构成了一个完整的科学体系。这一科学体系,是新时代中国共产党的思想旗帜,是全党全国人民为实现中华民族伟大复兴而团结奋斗的行动指南,是新时代党和国家事业发展的根本遵循。

三、最根本的在于深刻领悟"两个确立"的决定性意义,坚决做到"两个维护"

新思想指导新实践,新思想引领新征程。新时代党和国家事业之所以取得历史性成就、发生历史性变革,根本在于习近平总书记作为党中央的核心、全党的核心掌舵领航,在于习近平新时代中国特色社会主义思想科学指引。

党的十八大以来,习近平总书记以马克思主义政治家、思想家、战略家的历史主动精神、非凡理论勇气、卓越政治智慧、强烈使命担当、真挚赤子情怀，应时代之变迁、立时代之潮头、发时代之先声，提出一系列原创性的治国理政新理念新思想新战略。实践充分证明，习近平总书记不愧为党的核心、人民领袖、军队统帅，不愧为党领导人民成就伟业的主心骨，不愧为中华民族伟大复兴号巨轮的掌舵者、领航人。

习近平新时代中国特色社会主义思想植根于新时代坚持和发展中国特色社会主义的伟大实践，同时，在指导实践、推动实践中彰显出巨大真理力量和独特思想魅力，是经过实践检验、富有实践伟力的强大思想武器。强国复兴，是新时代新征程的主旋律、最强音。习近平新时代中国特色社会主义思想是开放的理论，必将随着强国建设、民族复兴伟业的全面拓展、全面推进而持续丰富、不断发展、更加完善。

学思想，就是不断增进对党的创新理论的政治认同、思想认同、理论认同、情感认同，真正把马克思主义看家本领学到手。正如列宁所指出的："没有'人的情感'，就从来没有也不可能有人对于真理的追求。"① 这是今天我们坚定拥护"两个确立"、坚决做到"两个维护"的辩证法。学思想，就是学思用贯通，知信行统一，筑牢根本，自觉坚持不懈用习近平新时代中国特色社会主义思想凝心铸魂、武装头脑、指导实践、推动工作、实现发展，奋进新征程，建功新时代。

---

① 《列宁全集》第25卷，北京：人民出版社，1988，第117页。

上 篇

以理论创新推进马克思主义中国化时代化

实践证明：中国共产党为什么能，中国特色社会主义为什么好，归根到底是马克思主义行，是中国化时代的马克思主义行。拥有马克思科学理论指导是我们党坚定信仰信念、把握历史主动的根本所在。不断谱写马克思主义中国化时代化新篇章，是当代中国共产党人的庄严历史责任。

新时代中国特色社会主义的历史方位

"辨方位而正则。"在党的十九大报告中,习近平总书记指出:"经过长期努力,中国特色社会主义进入了新时代,这是我国发展新的历史方位。"① 在庆祝中国共产党成立100周年大会上的讲话中,习近平总书记明确指出:"党的十八大以来,中国特色社会主义进入新时代。"② "新时代"不是新概念,"新时代中国特色社会主义"或"中国特色社会主义新时代"则是全新理念。准确把握新时代中国特色社会主义所置身的历史方位,科学认识中国特色社会主义进入新时代所具有的重大意义,致力实现中国特色社会主义新时代所面临的主要任务,是需要持续深化研究的理论和实践课题。

一、这个新时代,是中国特色社会主义的新时代

鸦片战争以后,为了拯救国家蒙辱、人民蒙难、文明蒙尘的危

---

① 《习近平著作选读》第二卷,北京:人民出版社,2023,第8—9页。
② 《习近平著作选读》第二卷,北京:人民出版社,2023,第479页。

局,近代中国的仁人志士尝试过许多主义和思潮、许多道路和方案,但都失败了。习近平总书记指出:"一个国家实行什么样的主义,关键要看这个主义能否解决这个国家面临的历史性课题。"①在比较与鉴别中,社会主义成为解决中国前途和命运的最佳和最终选择。历史证明:社会主义没有辜负中国,中国没有辜负社会主义。

开创、坚持、捍卫、发展中国特色社会主义,是改革开放以来党的全部理论和实践的主题。中国特色社会主义是科学社会主义理论逻辑、中国社会发展历史逻辑、改革开放实践逻辑的辩证统一,是全面建成小康社会、全面建设社会主义现代化国家、实现中华民族伟大复兴的必由之路。中国特色社会主义进入新时代,既是党和国家事业取得历史性成就、发生历史性变革的必然结果,也是当代中国社会主要矛盾发生深刻变化的必然要求,同时又是中国共产党人对中国的社会主义与世界的资本主义之间的关系、中国的社会主义与世界的社会主义之间的关系、中国特色社会主义的共同理想与未来共产主义的远大理想之间的关系深化认知的必然逻辑。新时代是中国特色社会主义发展的重要里程碑,它承前启后、继往开来,从总目标、总任务、总体布局、战略布局和发展方向、发展方式、发展动力、战略步骤、外部条件、政治保证等方面进行顶层

---

① 习近平:《关于坚持和发展中国特色社会主义的几个问题》,《求是》2019年第7期。

设计,续写中国特色社会主义这篇大文章。新时代的生动实践和理论创新,使我们党对社会主义和中国特色社会主义的认识、对社会主义建设规律和中国特色社会主义建设规律的把握达到了前所未有的新高度。

二、这个新时代,是中国共产党致力跳出治乱兴衰历史周期率、实现长期执政的时代

新民主主义革命时期,中国共产党有过较长时间、较为丰富的局部执政的实践尝试。针对黄炎培先生提出的如何跳出政权兴衰的历史周期率之问,毛泽东同志给出了答案,即"只有让人民来监督政府,政府才不敢松懈"①,这就是"民主"的新路。面对即将在全国范围执政的考验,毛泽东同志在党的七届二中全会上告诫全党同志:"务必使同志们继续地保持谦虚、谨慎、不骄、不躁的作风,务必使同志们继续地保持艰苦奋斗的作风。"②

党的十八大以来,习近平总书记多次强调要"深刻认识红色政权来之不易、新中国来之不易,中国特色社会主义来之不易"③,强调要"科学总结国际共产主义运动特别是苏联东欧国家共产党

---

① 《毛泽东年谱(1893—1949)》中卷,北京:中央文献出版社,2013,第611页。
② 《毛泽东选集》第四卷,北京:人民出版社,1991,第1438—1439页。
③ 习近平:《论中国共产党历史》,北京:中央文献出版社,2021,第110页。

兴衰成败的经验教训"①。在党的十九届六中全会第二次全体会议上的讲话中,习近平总书记专门提到"窑洞对",指出:"我们党历史这么长、规模这么大、执政这么久,如何跳出治乱兴衰的历史周期率?""经过百年奋斗特别是党的十八大以来新的实践,我们党又给出了第二个答案,这就是自我革命。"②习近平总书记一再强调,"我们要牢记打铁必须自身硬的道理,增强全面从严治党永远在路上的政治自觉","全党同志务必不忘初心、牢记使命,务必谦虚谨慎、艰苦奋斗,务必敢于斗争、善于斗争"③。从人民监督到自我革命、从"两个务必"到"三个务必",旨在实现中国共产党长期执政,把红色江山世世代代传下去。新时代的生动实践和理论创新,使我们党对执政规律的认识、对长期执政规律的把握达到了前所未有的新高度。

三、这个新时代,是中国共产党团结带领中国人民以不可阻挡的坚定步伐、不可逆转的历史进程实现中华民族伟大复兴的时代

中华民族拥有在五千多年历史演进中形成且绵延不绝的灿烂文明,为人类文明进步作出了卓越贡献。鸦片战争以后,中华民族

---

① 习近平:《改革开改30年党的建设回顾与思考》,《学习时报》2008年9月8日第1版。
② 《习近平谈治国理政》第四卷,北京:外文出版社,2022,第541页。
③ 《习近平著作选读》第一卷,北京:人民出版社,2023,第1—2页。

呈现在世界面前的是一派衰败凋零的景象。习近平总书记强调:"实现中华民族伟大复兴,是近代以来中国人民和中华民族最伟大的梦想。"④ 实现中华民族伟大复兴,是中国共产党一切奋斗、一切牺牲、一切创造恒定的主题。中国共产党团结带领中国人民,先后为实现中华民族伟大复兴创造了根本社会条件,奠定了根本政治前提和制度基础,提供了充满新的活力的体制保证和快速发展的物质条件,中华民族实现了从站起来到富起来的伟大飞跃。

党的十八大以来,中国共产党继续团结带领中国人民,自信自强、守正创新,统揽伟大斗争、伟大工程、伟大事业、伟大梦想,创造了新时代中国特色社会主义的伟大成就,为实现中华民族伟大复兴提供了更为完善的制度保证、更为坚实的物质基础、更为主动的精神力量,中华民族迎来了从富起来到强起来的伟大飞跃。实现中华民族伟大复兴的要旨,可以从两个视角理解:在宽广的世界视野中,使中华民族重现曾经拥有的辉煌,屹立于世界民族之林,引领时代浩荡潮流;在悠远的历史视野中,使中华民族重新形塑伟岸的样貌,在21世纪凤凰涅槃、浴火重生。今天,中华民族向世界展现的是一派欣欣向荣的气象,中华文明的光彩再次闪耀在人类历史的浩瀚长空,实现中华民族伟大复兴正以不可阻挡的步伐进入不可逆转的历史进程。新时代的生动实践和理论创新,使我们党对中华民族和中华文明的认识、对中华民族伟大复兴实现规律的把

---

④《习近平谈治国理政》第四卷,北京:外文出版社,2022,第321页。

握达到了前所未有的新高度。

四、这个新时代，是中国共产党团结带领中国人民实现全体人民共同富裕、实践全过程人民民主、全面建成社会主义现代化强国、不断创造人民美好生活的时代

中国共产党一经诞生，就始终把人民立场作为根本立场，把为人民谋幸福作为初心使命，把坚持全心全意为人民服务作为根本宗旨。我国社会主要矛盾转化为人民日益增长的美好生活需要和不平衡不充分的发展之间的矛盾，是推动中国特色社会主义进入新时代的现实依据。解决这一主要矛盾，是新时代的主要努力方向，重点聚焦民生和民主问题，即实现全体人民共同富裕、实践全过程人民民主。

党的十八大以来，习近平总书记一再强调，"人民对美好生活的向往就是我们的奋斗目标"①，"消除贫困、改善民生、逐步实现共同富裕，是社会主义的本质要求，是我们党的重要使命"②。我们党坚持以人民为中心的发展思想，以前所未有的力度推动实现共同富裕，使人民的生活一天比一天更加美好。而民主与民生相辅相成。中国共产党领导人民实行人民民主，就是保证和支持人民当家作主，用奋斗创造美好生活。在庆祝中国共产党成立100周年大会

---

① 《习近平谈治国理政》第四卷，北京：外文出版社，2022，第58页。
② 《习近平谈治国理政》第二卷，北京：外文出版社，2017，第83页。

和中央人大工作会议上的讲话中,习近平总书记都强调"发展全过程人民民主"。从人民民主到全过程人民民主,是民主理论和实践的双重跃升。全过程人民民主,是新时代中国共产党人的创新和创造,是中国特色社会主义民主政治的新实践和新成就。民生与民主,是社会主义现代化建设的题中应有之义。在全面建成小康社会的基础上,乘势而上,迈上全面建成富强民主文明和谐美丽的社会主义现代化强国新征程,中国将实现从"赶上时代"到"引领时代"的伟大跨越。新时代的生动实践和理论创新,使我们党对现代化的认识、对中国式现代化的认识、对社会主义现代化建设规律的把握达到了前所未有的新高度。

五、这个新时代,是世界社会主义再现生机活力、重新走向振兴的时代

中国特色社会主义进入新时代,使科学社会主义的强大生机在 21 世纪的中国共产党人手中再度被激活。党的十九大报告明确使用了"世界社会主义"的概念。基于世界社会主义特别是科学社会主义的发展历程,我们曾长期坚持这样的结论:社会主义经历了从空想到科学、从理论到制度、从一国到多国的发展。

具体来说,唯物史观和剩余价值学说的两大发现,使社会主义从空想变为科学;经历了 1848 年失败的欧洲革命、1871 年短暂存在的巴黎公社,1917 年十月革命胜利后,俄国建立起世界上第一个无产阶级政权,社会主义从科学的理论变为现实的制度;十月革命后,经历了 1918—1923 年间短暂的多国无产阶级政权时期,第二次世界大战结束后,社会主义从一国实践发展为多国实践;在之后的世界社会主义建设中,既有过从初步探索改革到难以为继的夭折历程,也有过从初步探索改革到东欧剧变、苏联解体的迷向、改向历程,社会主义遭受严重挫折;同时,还有着从初步探索改革到全面深化改革的负重奋进,中国以及其他社会主义国家的探索和成就,特别是中国共产党人把中国特色社会主义推进到新时代,使社会主义逐步走出低谷、重新走向振兴。

党的十九届六中全会通过的《中共中央关于党的百年奋斗重大成就和历史经验的决议》指出,"马克思主义中国化时代化不断取得成功","使世界范围内社会主义和资本主义两种意识形态、两种社会制度的历史演进及其较量发生了有利于社会主义的重大转变"。[1]中国特色社会主义进入新时代表明:"历史终结论"彻底终结,"社会主义失败论"彻底破产。可以说,新时代中国特色社会主义,是21世纪世界社会主义的重要建设者和积极引领者,是21世纪世界社会主义的中流砥柱。新时代的生动实践和理论创新,使我们党对科学社会主义的认识、对世界社会主义发展规律的把握达到了前所未有的新高度。

---

[1]《中共中央关于党的百年奋斗重大成就和历史经验的决议》,《人民日报》2021年11月17日第1版。

六、这个新时代,是中国共产党团结带领中国人民成功走出中国式现代化新道路、推动人类社会向前发展、为人类作出新的更大贡献的时代

世界怎么了,中国怎么办?"人类正处在一个特殊的历史时期。"①"世界百年未有之大变局加速演进,局部冲突和动荡频发,全球性问题加剧"②,这是习近平总书记对当今世界所处时代方位的科学判断和当今世界所呈现复杂形势的准确把握。

中华人民共和国成立后,从"一五"计划到"十四五"规划,社会主义现代化建设是中国共产党和中国人民一以贯之的主题,并成功走出中国式现代化新道路。中国式现代化新道路,新就新在它依靠自身发展和艰苦奋斗实现现代化,它坚持以人民为中心、以实现人民对美好生活的向往为目标,它推动经济社会全面发展、人与自然和谐共生,它追求世界和平发展。习近平总书记指出:"通向现代化的道路不止一条,只要找准正确方向、驰而不息,条条大路通罗马。"③

中国共产党创造的国家治理经验,如全面从严治党,勇于自我革命,以党中央的集中统一领导统筹推进"五位一体"总体布局、

---

① 习近平:《习近平在亚太经合组织第二十七次领导人非正式会议上的讲话》,北京:人民出版社,2021,第1页。
② 《中共中央关于进一步全面深化改革推进中国式现代化的决定》,北京:人民出版社,2024,第50页。
③ 习近平:《论坚持全面深化改革》,北京:中央文献出版社,2018,第455页。

协调推进"四个全面"战略布局,续写了经济快速发展奇迹、社会长期稳定奇迹新篇章。中国共产党提出的国家治理智慧,成功走出一条适合中国国情的治理道路,不断完善和发展中国特色社会主义制度,推进国家治理体系和治理能力现代化。中国共产党贡献的全球治理方案,如推动构建新型国际关系,推动共建"一带一路"高质量发展,推动构建人类命运共同体,弘扬并践行全人类共同价值,既为中国人民谋幸福、为中华民族谋复兴,也为人类谋进步、为世界谋大同。毛泽东同志曾提出"中国应当对于人类有较大的贡献"[1],新时代中国共产党人宣示要"为人类作出新的更大的贡献",充分彰显着胸怀天下的世界情怀和大国担当。大国具有"大国之重",大党"就要有大的样子"。新时代的生动实践和理论创新,使我们党对人类文明进步的认识、对人类社会发展规律的把握达到了前所未有的新高度。

以习近平同志为核心的党中央领航擘画新时代,在治国理政创新实践中形成了原创性思想、变革性实践、突破性进展和标志性成果。这十余年来,我们党科学回答了一系列中国之问、世界之问、人民之问、时代之问,铸就了马克思主义经典作家所生动比喻的"一天等于二十年"[2]的伟大日子。中国特色社会主义新时代是一个仍在继续发展的历史进程,面对快速变化且充满机遇与挑战的

---

[1]《毛泽东文集》第七卷,北京:人民出版社,1999,第157页。
[2]《列宁全集》第26卷,北京:人民出版社,1998,第78页。

世界和中国,中国共产党将继续解码新的中国之问、世界之问、人民之问、时代之问,以高度的历史自觉、坚定的历史自信,把握历史主动,创造新的历史伟业。

拥有科学理论指导是我们党鲜明的政治品格和强大的政治优势

党的十八大以来,国内外形势新变化和实践新发展,迫切需要我们深入回答一系列重大理论和实践问题。我们坚持把马克思主义基本原理同中国具体实际相结合、同中华优秀传统文化相结合,创立了习近平新时代中国特色社会主义思想,实现了马克思主义中国化时代化新的飞跃。全党要把握好习近平新时代中国特色社会主义思想的世界观和方法论,坚持好、运用好贯穿其中的立场观点方法,在新时代伟大实践中不断开辟马克思主义中国化时代化新境界。在省部级主要领导干部"学习习近平总书记重要讲话精神,迎接党的二十大"专题研讨班上,习近平总书记强调,拥有马克思主义科学理论指导是我们党鲜明的政治品格和强大的政治优势。马克思主义基本理论告诉我们,离开实践的理论是空洞的理论,而不以理论为指导的实践是盲目的实践。中国共产党百余年实践告诉我们,中国共产党为什么能,中国特色社会主义为什么好,归根到底是马克思主义行,是中国化时代化的马克思主义行。

一、近代中国面临的历史任务与马克思主义的历史使命高度契合，使中国共产党人最终选择马克思列宁主义作为自己的行动指南

中国共产党是用马克思主义武装起来的政党，马克思主义是中国共产党人理想信念的灵魂。这是中国共产党人鲜明的政治品格。

"理论在一个国家实现的程度，总是取决于理论满足这个国家的需要的程度。"①1840年鸦片战争爆发以后，中国逐步成为半殖民地半封建社会。1921年中国共产党成立之时，中国所面对的历史任务是争取民族独立和人民解放、实现国家富强和人民幸福。1848年《共产党宣言》发表，标志着马克思主义创立。马克思、恩格斯致力于回答和解决"资本主义向何处去、人类社会向何处去"的问题，共同创立和发展了"为人类求解放"的马克思主义。马克思、恩格斯逝世后，列宁和布尔什维克党致力于回答和解决"帝国主义向何处去，人类社会向何处去"的问题，不懈推进马克思主义俄国化，既把马克思主义作为分析俄国问题的伟大的认识工具，同时又把马克思主义作为解决俄国问题的伟大的实践工具；既创立了列宁主义，把马克思主义推进到马克思列宁主义阶段，同时又领导俄国无产阶级和劳动人民发动了震撼世界的十月革命，使社会主义从科学的理论变为现实的制度、丰富的实践。

---

① 《马克思恩格斯文集》第1卷，北京：人民出版社，2009，第12页。

一个国家实行什么样的主义,关键要看这个主义能否解决这个国家面临的历史性课题。中国共产党人一直讲十月革命一声炮响给中国送来了马克思列宁主义,十月革命和中国的这种渊源关系一直在中国共产党人的心中占有很重的分量,这源于俄国十月革命的实践和榜样,源于中国的先进分子和中国共产党人学习、运用马克思列宁主义的主动和自觉,源于马克思列宁主义这个"武器"使"中国的面目就起了变化了"。

近代俄国向西方寻找真理的艰难历程和俄国十月革命,深刻启迪了具有近似国情的中国先进分子特别是中国共产党人。十月革命后新生的苏维埃政权所采取的内外政策特别是新的对华政策,与西方列强所施行的对华政策形成了鲜明对比。在进行了认真研究和比较之后,毛泽东同志指出:"列宁在一九二〇年在《共产主义运动中的'左派'幼稚病》一书中,描写过俄国人寻找革命理论的经过。俄国人曾经在几十个年头内,经历艰难困苦,方才找到了马克思主义。中国有许多事情和十月革命以前的俄国相同,或者近似。封建主义的压迫,这是相同的。经济和文化落后,这是近似的。两个国家都落后,中国则更落后。先进的人们,为了使国家复兴,不惜艰苦奋斗,寻找革命真理,这是相同的。"① 正是基于此,中国无产阶级的先驱者,在十月革命以后学习了马克思列宁主义,创立了中国共产党。正是基于此,中国共产党始终高举马克思列宁主义的伟大旗帜,并把马

---

① 《毛泽东选集》第四卷,北京:人民出版社,1991,第1469页。

克思列宁主义作为自己的行动指南写入党章。

二、解决中国问题、创造些新的东西,是马克思主义中国化时代化的出发点和落脚点

运用好马克思列宁主义这个思想武器,把马克思主义基本原理同中国实际相结合、同时代特征相结合,"解决中国问题、创造些新的东西",不断推进马克思主义中国化时代化,这是中国共产党人强大的政治优势。

马克思主义基本原理就是马克思主义的立场观点方法。《中国共产党章程》指出:"马克思列宁主义揭示了人类社会历史发展的规律,它的基本原理是正确的,具有强大的生命力。"[1]同时,马克思列宁主义来到中国,也有一个服中国的水土的问题。马克思主义理论不是教条而是行动指南,必须随着实践发展而发展,必须中国化才能落地生根、本土化才能深入人心。早在80多年前的1942年,毛泽东同志就曾指出:"我们要把马、恩、列、斯的方法用到中国来,在中国创造出一些新的东西。只有一般的理论,不用于中国的实际,打不得敌人。但如果把理论用到实际上去,用马克思主义的立场、方法来解决中国问题,创造些新的东西,这样就用得了。"[2]

---

[1]《中国共产党章程》,北京:人民出版社,2022,第1页。
[2]《毛泽东文集》第二卷,北京:人民出版社,1993,第408页。

解决中国问题、创造些新的东西,是一个持续推进的历程。新民主主义革命时期,党面临的主要任务是,反对帝国主义、封建主义、官僚资本主义,争取民族独立、人民解放,为实现中华民族伟大复兴创造根本社会条件。围绕这些主要任务,解决这些主要问题,创立了毛泽东思想。社会主义革命和建设时期,党面临的主要任务是,实现从新民主主义到社会主义的转变,进行社会主义革命,推进社会主义建设,为实现中华民族伟大复兴奠定根本政治前提和制度基础。围绕这些主要任务,解决这些主要问题,丰富和发展了毛泽东思想。毛泽东思想是马克思主义中国化的第一次历史性飞跃。改革开放和社会主义现代化建设新时期,党面临的主要任务是,继续探索中国建设社会主义的正确道路,解放和发展社会生产力,使人民摆脱贫困、尽快富裕起来,为实现中华民族伟大复兴提供充满新的活力的体制保证和快速发展的物质条件。完成这些主要任务,解决这些主要问题,形成了中国特色社会主义理论体系,实现了马克思主义中国化新的飞跃。党的十八大以来,中国特色社会主义进入新时代。党面临的主要任务是,实现第一个百年奋斗目标,开启实现第二个百年奋斗目标新征程,朝着实现中华民族伟大复兴的宏伟目标继续前进。围绕这些主要任务,回答新时代坚持和发展什么样的中国特色社会主义、怎样坚持和发展中国特色社会主义,建设什么样的社会主义现代化强国、怎样建设社会主义现代化强国,建设什么样的长期执政的马克思主义政党、怎样建设长期执政的马克思主义政党等重大时代课题,创立了习近平新时代中国特色社会主义思想,实现了马克思主义中国化时代化新的飞跃。

三、把握好习近平新时代中国特色社会主义思想的世界观和方法论，坚持好、运用好贯穿其中的立场观点方法，在新时代伟大实践中不断开辟马克思主义中国化时代化新境界

一个民族要走在时代前列，就一刻也不能没有理论思维，一刻也不能没有正确思想指引。自成立之日起，我们党就坚持把马克思主义写在自己的旗帜上，不断推进马克思主义中国化时代化，用博大胸怀吸收人类创造的一切优秀文明成果，用马克思主义中国化的科学理论指导我们的伟大事业。一百多年来，马克思主义的科学性和真理性在中国得到充分检验，马克思主义的人民性和实践性在中国得到充分贯彻，马克思主义的开放性和时代性在中国得到充分彰显。

马克思主义深刻改变了中国，中国也极大丰富了马克思主义。习近平新时代中国特色社会主义思想，是新时代马克思主义基本原理同中国具体实际相结合、同中华优秀传统文化相结合的理论结晶，是推动新时代党和国家事业不断向前发展的科学指南，是经过实践检验、富有实践伟力的强大思想武器。习近平新时代中国特色社会主义思想是当代中国马克思主义、21世纪马克思主义，是中华文化和中国精神的时代精华。

贯穿习近平新时代中国特色社会主义思想的立场就是人民立场，它坚持以人民为中心的发展思想，坚持人民至上。"我将无我,不负人民"①是习近平总书记的座右铭,"民之所忧,我必念之;民之所盼,我必行之"②是习近平总书记的赤子情怀。贯穿习近平新时代中国特色社会主义思想的方法就是解放思想、实事求是、守正创新。贯穿习近平新时代中国特色社会主义思想的观点就是对新时代坚持和发展什么样的中国特色社会主义、怎样坚持和发展中国特色社会主义,建设什么样的社会主义现代化强国、怎样建设社会主义现代化强国,建设什么样的长期执政的马克思主义政党、怎样建设长期执政的马克思主义政党等重大时代课题的科学回答。

伟大时代孕育伟大理论,伟大理论引领伟大实践。实践发展永无止境,推进马克思主义中国化时代化也永无止境。党的十八大以来,国内外形势新变化和实践新发展,迫切需要我们深入回答一些重大理论和实践问题。当前,世界百年未有之大变局加速演进,世界之变、时代之变、历史之变的特征更加明显。我国发展面临新的战略机遇、新的战略任务、新的战略阶段、新的战略要求、新的战略环境,需要应对的风险和挑战、需要解决的矛盾和问题比以前更加错综复杂。这就要求我们必须高举中国特色社会主义伟大旗帜,坚持以马克思主义中国化时代化最新成果为指导,坚定中国特色社会主义道路自信、理论自信、制度自信、文化自信,全面贯彻习近平

---

① 《习近平谈治国理政》第三卷,北京:外文出版社,2020,第144页。
② 《习近平谈治国理政》第四卷,北京:外文出版社,2022,第65页。

新时代中国特色社会主义思想,特别是把握好习近平新时代中国特色社会主义思想的世界观和方法论,坚持好、运用好贯穿其中的立场观点方法,在新时代伟大实践中不断开辟马克思主义中国化时代化新境界。

马克思主义中国化时代化新境界

马克思主义诞生于19世纪的欧洲,却跨越三个世纪、传遍全世界,"迄今依然有着强大生命力"①。马克思主义的强大生命力在于,它不是教条而是行动的指南,不是书斋的学问而是实践的理论。中国共产党成立一百余年来,中华人民共和国成立七十余年来,改革开放四十余年来,新时代十余年来,马克思主义始终是我们党立党立国、兴党兴国的根本指导思想,始终是我们党的灵魂和旗帜。拥有马克思主义科学理论指导,是我们党坚定信仰信念、把握历史主动的根本所在,是我们党鲜明的政治品格和强大的政治优势。习近平总书记在党的二十大报告中指出:"实践告诉我们,中国共产党为什么能,中国特色社会主义为什么好,归根到底是马克思主义行,是中国化时代化的马克思主义行。""推进马克思主

---

① 习近平:《在哲学社会科学工作座谈会上的讲话》,《人民日报》2016年5月19日第2版。

义中国化时代化是一个追求真理、揭示真理、笃行真理的过程。"①在中国共产党的历史行程中,马克思主义中国化时代化的接续推进与中国化时代化的马克思主义的接续创新,相辅相成、相得益彰。新时代新征程,不断谱写中国化时代化的马克思主义新篇章,不断开辟马克思主义中国化时代化新境界,是中国共产党人的庄严历史责任和重大时代课题。

一、马克思主义、马克思列宁主义来到中国,是历史与现实的契合

中国是一个历史悠久的东方国家,拥有百万年的人类史、一万年的文化史、五千多年的文明史,为人类文明进步发展作出了卓越贡献。1840年鸦片战争是中国历史进程演化的"拐点",此后,中国逐步成为一个半殖民地半封建社会的国家。1898年,康有为曾直言痛陈:"吾中国四万万人,无贵无贱,当今日在覆屋之下,漏舟之中,薪火之上,如笼中之鸟,釜底之鱼,牢中之囚,为奴隶,为牛马,为犬羊,听人驱使,听人割宰,此四千年中二十朝未有之奇变。"②毛泽东指出:"现在的中国是多了一个外国的帝国主义和一个本国的封建主义,而不是多了一个本国的资本主义,相反地,我们的资本主义是太少了。"③中国开始明显地落后于历史发展,落

---

① 《习近平著作选读》第一卷,北京:人民出版社,2023,第14页。
② 《康有为政论集》上册,北京:中华书局,1981,第237页。
③ 《毛泽东选集》第三卷,北京:人民出版社,1991,第1060页。

后于时代潮流。帝国主义和中华民族的矛盾、封建主义和人民大众的矛盾是近代中国社会的两大主要矛盾,其中,帝国主义和中华民族的矛盾是最主要的矛盾。主要矛盾决定历史任务。争取民族独立、人民解放,实现国家富强、人民幸福,是近代中国社会的两大历史任务。

1847年6月,世界上第一个无产阶级政党——共产主义者同盟诞生,国际共产主义运动兴起。1848年2月,马克思、恩格斯为共产主义者同盟撰写的纲领性文献《共产党宣言》发表,马克思主义创立。马克思主义博大精深,归根到底就是一句话:为人类求解放。为人类求解放,是马克思主义的历史使命。马克思主义的创始人马克思、恩格斯生活于19世纪,致力于回答"资本主义向何处去、人类社会向何处去"的问题。马克思主义之所以行,是因为它揭示了人类社会发展的一般规律,使社会主义从空想走向科学,实现了认识世界和改造世界的有机统一。

列宁生活于19世纪末20世纪初,致力于回答"帝国主义向何处去、人类社会向何处去、俄国向何处去"的问题。列宁曾总结道,从19世纪40年代至90年代将近半个世纪里,俄国进步的思想界真是饱经苦难才找到了马克思主义这个唯一正确的革命理论。[④]列宁和俄国布尔什维克党把马克思主义作为分析俄国问题的认识工具、解决俄国问题的实践工具,发动了震撼世界的十月革

[④]《列宁选集》第4卷,北京:人民出版社,1995,第136—137页。

命并取得了伟大胜利,建立了社会主义制度并进行了社会主义建设的伟大实践,从而开辟了人类历史的新纪元。在这一进程中,马克思主义不断俄国化,并发展到列宁主义阶段,进而形成了马克思列宁主义。马克思列宁主义之所以行,是因为它把马克思主义、社会主义从西欧引入俄国,使科学社会主义从理论走向实践,创造了一个光辉的范例。毛泽东指出:"一九一七年的俄国革命唤醒了中国人,中国人学得了一样新的东西,这就是马克思列宁主义。"[①]2019年6月,习近平总书记访问俄罗斯,登上"阿芙乐尔"号巡洋舰。他深刻指出,十月革命一声炮响,给中国送来了马克思主义,成立了中国共产党。所以它和中国的这种渊源关系,在我们心中是很重很重的分量。

"阿芙乐尔",在俄语中是"黎明"或"曙光"的意思。中国共产党人的旗帜上书写的是马克思主义、马克思列宁主义。马克思指出:"理论在一个国家的实现程度,总是取决于理论满足这个国家的需要的程度。"[②]毛泽东指出:"主义譬如一面旗子,旗子立起了,大家才有所指望,才知所趋赴。"[③]习近平总书记指出:"一个国家实行什么样的主义,关键要看这个主义能否解决这个国家

[①]《毛泽东选集》第四卷,北京:人民出版社,1991,第1514页。

[②]《马克思恩格斯文集》第1卷,北京:人民出版社,2009,第12页。

[③] 中共中央文献研究室:《毛泽东年谱(1893—1949)修订本》上卷,北京:中央文献出版社,1993,第70页。

面临的历史性课题。"① 这个历史性课题,就是完成近代中国社会面临的历史任务。

马克思主义、马克思列宁主义之所以能够来到中国并植根中国,展现出强大的力量,既具有历史必然性,也具有现实可能性。概括地说,主要在于:其一,马克思主义担负的历史使命与近代中国社会面临的历史任务高度契合;其二,近代中国与十月革命前的俄国国情相同或者近似;其三,十月革命后的苏维埃俄国(以及苏联)对中国采取了不同于帝国主义国家的平等的对华政策;其四,改良主义、自由主义、社会达尔文主义、无政府主义、实用主义、民粹主义、工团主义等各种主义和思潮,都在中国进行过尝试,但都没有解决中国的前途命运问题;其五,中国的先进分子和中国共产党人具有学习、运用马克思主义、马克思列宁主义的历史主动和历史自觉;其六,马克思主义、马克思列宁主义这个"武器",使"中国的面目就起了变化了"②,是管用的"真经"。正是马克思主义,正是用马克思主义武装起来的中国共产党,引领中国人民走出了漫漫长夜。马克思主义、马克思列宁主义来到中国,与中国进行历史性对接和现实性互动,也意味着同时开启了马克思主义中国化时代化的历史进程。正是在这个意义上,习近平总书记指出:"马克思主义就是我们党和人民事业不断发展的参天大树之根本,就是我们

---

① 《习近平谈治国理政》第一卷,北京:外文出版社,2018,第 22 页。
② 《毛泽东选集》第四卷,北京:人民出版社,1991,第 1470 页。

党和人民不断奋进的万里长河之源泉。"①

二、"解决中国问题，创造些新的东西"是马克思主义中国化时代化的旨归

"先进的人们，为了使国家复兴，不惜艰苦奋斗，寻找革命真理。"②中国的先进分子和中国共产党人找到马克思列宁主义这个思想武器不容易，但是，要把握好、坚持好、运用好这个思想武器更不容易，这就要解决马克思主义服中国的水土的问题，即马克思主义中国化问题，亦即马克思主义基本原理同中国实际相结合问题。"解决中国问题，创造些新的东西"③，则是马克思主义中国化时代化的旨归。

马克思主义中国化时代化既是一个宏大的理论命题，也是一个重要的实践命题。马克思主义中国化时代化不是自发实现的，是不断把马克思主义的基本原理即其立场观点方法同中国具体实际相结合的过程，同时是不断进行理论创新和思想创造的过程。

马克思主义中国化的命题，是在1938年召开的党的六届六中全会上正式提出的。但是，在此之前，以毛泽东同志为主要代表的中国共产党人，就已经走上了运用马克思主义基本原理解决中国革命实际问题的实践之路，同时进行了初步的理论探索，勾勒出马克思主义中国化的时代特征与宏大气象。1930年5月，毛泽东在

---

① 《习近平谈治国理政》第二卷，北京：外文出版社，2017，第66页。
② 《毛泽东选集》第四卷，北京：人民出版社，1991，第1469页。
③ 《毛泽东文集》第二卷，北京：人民出版社，1993，第408页。

《反对本本主义》中指出:"马克思主义的'本本'是要学习的,但是必须同我国的实际情况相结合。"①这标志着中国共产党人的思想理论正一步一步走向自觉与成熟。

在马克思主义中国化的历史进程中,党的六届六中全会具有特殊重要的意义。1945年,毛泽东在党的七大作关于选举问题的讲话时曾指出,"中国共产党历史上有两个重要关键的会议。一次是一九三五年一月的遵义会议,一次是一九三八年的六中全会","六中全会是决定中国之命运的"②。正是在党的六届六中全会上,毛泽东在《论新阶段》的政治报告中指出:"马克思列宁主义的伟大力量,就在于它是和各个国家具体的革命实践相联系的。……离开中国特点来谈马克思主义,只是抽象的空洞的马克思主义。因此,使马克思主义在中国具体化,使之在其每一表现中带着必须有的中国的特性,即是说,按照中国的特点去应用它,成为全党亟待了解并亟须解决的问题。"③这一认知,是毛泽东和中国共产党人从其亲身经历中和中国革命失败的痛苦中得来的极其重要且影响极其深远的结论。1941年,毛泽东在《改造我们的学习》中总结道:"中国共产党的二十年,就是马克思列宁主义的普遍真理和中国革命的具体实践日益结合的二十年。……马克思列宁主义的普遍

---

① 《毛泽东选集》第一卷,北京:人民出版社,1991,第111—112页。
② 中共中央文献研究室:《毛泽东在七大的报告和讲话集》,北京:中央文献出版社,1995,第231页。
③ 《毛泽东选集》第二卷,北京:人民出版社,1991,第534页。

真理一经和中国革命的具体实践相结合,就使中国革命的面目为之一新。"①毛泽东还进一步指出:"就是要有目的地去研究马克思列宁主义的理论,要使马克思列宁主义的理论和中国革命的实际运动结合起来,是为着解决中国革命的理论问题和策略问题而去从它找立场,找观点,找方法的。这种态度,就是有的放矢的态度。'的'就是中国革命,'矢'就是马克思列宁主义。"②此后,毛泽东一再强调,"中国革命斗争的胜利要靠中国同志了解中国情况"③,"要使马克思列宁主义这一革命科学更进一步地和中国实践、中国历史、中国文化深相结合起来"④。中华人民共和国成立后,执政的中国共产党人也不断重申这一理念。邓小平指出:"中国的事情要按照中国的情况来办,要依靠中国人自己的力量来办。"⑤新时代新征程,习近平总书记在党的二十大报告中指出:"马克思主义的中国篇章是中国共产党人依靠自身力量实践出来的,贯穿其中的一个基本点就是中国的问题必须从中国基本国情出发,由中国人自己来解答。"⑥习近平总书记一再强调:"把马克思主义基本原理同中国具体实际相结合、同中华优秀传统文化相结合。"⑦

---

① 《毛泽东选集》第三卷,北京:人民出版社,1991,第795—796页。
② 《毛泽东选集》第三卷,北京:人民出版社,1991,第801页。
③ 《毛泽东选集》第一卷,北京:人民出版社,1991,第115页。
④ 《中共中央文件选集》第12册,北京:中共中央党校出版社,1986,第201页。
⑤ 《邓小平文选》第三卷,北京:人民出版社,1993,第3页。
⑥ 《习近平著作选读》第一卷,北京:人民出版社,2023,第16页。
⑦ 《习近平著作选读》第一卷,北京:人民出版社,2023,第14页。

推进马克思主义中国化,就在于解决中国问题。问题就是任务。1939年12月,毛泽东在《中国革命和中国共产党》中指出:"领导中国民主主义革命和中国社会主义革命这样两个伟大的革命到达彻底的完成,除了中国共产党之外,是没有任何一个别的政党(不论是资产阶级的政党或小资产级的政党)能够担负的。而中国共产党则从自己建党的一天起,就把这样的两重任务放在自己的双肩之上了。"①习近平总书记在庆祝中国共产党成立100周年大会上的讲话中指出:"中国共产党一经诞生,就把为中国人民谋幸福、为中华民族谋复兴确立为自己的初心使命。一百年来,中国共产党团结带领中国人民进行的一切奋斗、一切牺牲、一切创造,归结起来就是一个主题:实现中华民族伟大复兴。"②围绕两大历史任务和百年主题,中国共产党团结带领中国人民完成了不同历史时期面临的主要任务,解决了不同历史时期遇到的中国问题,取得了一个又一个彪炳史册的伟大成就。

新民主主义革命时期,党面临的主要任务是,反对帝国主义、封建主义、官僚资本主义,争取民族独立、人民解放,为实现中华民族伟大复兴创造根本社会条件。经过28年浴血奋斗,党领导人民,在各民主党派和无党派民主人士积极合作下,于1949年10月1日宣告成立中华人民共和国,实现民族独立、人民解放,实现了中国从

---

① 《毛泽东选集》第二卷,人民出版社,1991,第652页。
② 习近平:《在庆祝中国共产党成立100周年大会上的讲话》,《人民日报》2021年7月2日第2版。

几千年封建专制政治向人民民主的伟大飞跃,中国人民从此站起来了,中华民族任人宰割、饱受欺凌的时代一去不复返了,中国社会发展从此开启了新纪元。历史的结论是:没有共产党,就没有新中国。

社会主义革命和建设时期,党面临的主要任务是,实现从新民主主义到社会主义的转变,进行社会主义革命,推进社会主义建设,为实现中华民族伟大复兴奠定根本政治前提和制度基础。从新中国成立到改革开放前夕,党领导人民完成社会主义革命,消灭一切剥削制度,实现了中华民族有史以来最为广泛而深刻的社会变革,实现了一穷二白、人口众多的东方大国大步迈进社会主义社会的伟大飞跃。中国人民不但善于破坏一个旧世界,也善于建设一个新世界。历史的结论是:只有社会主义才能救中国,只有社会主义才能发展中国。

改革开放和社会主义现代化建设新时期,党面临的主要任务是,继续探索中国建设社会主义的正确道路,解放和发展社会生产力,使人民摆脱贫困、尽快富裕起来,为实现中华民族伟大复兴提供充满新的活力的体制保证和快速发展的物质条件。改革开放和社会主义现代化建设的伟大成就举世瞩目,我国实现了从生产力相对落后的状况到经济总量跃居世界第二的历史性突破,实现了人民生活从温饱不足到总体小康、奔向全面小康的历史性跨越,推进了中华民族从站起来到富起来的伟大飞跃。历史的结论是:改革开放是决定当代中国前途命运的关键一招,中国特色社会主义道路是指引中国发展繁荣的正确道路,中国大踏步赶上了时代。

党的十八大以来,中国特色社会主义进入新时代。党面临的主要任务是,实现第一个百年奋斗目标,开启实现第二个百年奋斗目标新征程,朝着实现中华民族伟大复兴的宏伟目标继续前进。新时代十余年来,我们坚持马克思列宁主义、毛泽东思想、邓小平理论、"三个代表"重要思想、科学发展观,全面贯彻习近平新时代中国特色社会主义思想,全面贯彻党的基本路线、基本方略,采取一系列战略性举措,推进一系列变革性实践,实现一系列突破性进展,取得一系列标志性成果,经受住了来自政治、经济、意识形态、自然界等方面的风险挑战考验,党和国家事业取得历史性成就、发生历史性变革,推动我国迈上全面建设社会主义现代化国家新征程。新时代十余年的伟大变革,在党史、新中国史、改革开放史、社会主义发展史、中华民族发展史上具有里程碑意义。新时代十余年的伟大变革,积累了丰富的新经验,即坚持党的全面领导是坚持和发展中国特色社会主义的必由之路,中国特色社会主义是实现中华民族伟大复兴的必由之路,团结奋斗是中国人民创造历史伟业的必由之路,贯彻新发展理念是新时代我国发展壮大的必由之路,全面从严治党是党永葆生机活力、走好新的赶考之路的必由之路。这是我们在长期实践中得出的至关紧要的规律性认识。新时代十余年的伟大变革深刻昭示:前进道路上,我们必须牢牢把握坚持和加强党的全面领导、坚持中国特色社会主义道路、坚持以人民为中心的发展思想、坚持深化改革开放、坚持发扬斗争精神等重大原则[①]。

---

① 《习近平著作选读》第一卷,北京:人民出版社,2023,第22—23页。

推进马克思主义中国化,就在于创造些新的内容。这些新的内容,就是中国共产党人创立的中国化时代化的马克思主义,就是毛泽东思想、邓小平理论、"三个代表"重要思想、科学发展观、习近平新时代中国特色社会主义思想。这些内容既与马克思主义一脉相承,又与时俱进丰富和发展了马克思主义。

三、马克思主义中国化时代化的飞跃是马克思主义螺旋式发展的典范

历史证明,以西为师,走西方的道路走不通。十月革命一声炮响,给我们送来了马克思列宁主义。历史地看,这是一个关乎中国人民和中华民族前途命运的极其重要的政治事件和文化现象。俄国布尔什维克党提供了革命成功的光辉榜样。以俄为师,走俄国人的路,这是新的抉择。但是,历史证明,在中国当时的客观条件下,中国共产党人不可能像俄国十月革命那样,通过首先占领中心城市来取得革命在全国的胜利,而是迫切需要找到适合中国国情的革命道路。革命的目标相同,革命的路径有别。历史同样证明,在马克思主义中国化的过程中,既要反对教条主义、本本主义,又要反对经验主义、实用主义,正确的路径是"对具体情况作具体分析"[①],即实事求是。这是马克思主义的精髓和活的灵魂。

---

① 《列宁选集》第4卷,北京:人民出版社,1995,第213页。

毛泽东同志是"马克思主义中国化的伟大开拓者"①。在革命斗争中，以毛泽东同志为主要代表的中国共产党人，把马克思列宁主义基本原理同中国具体实际相结合，对经过艰苦探索、付出巨大牺牲积累的一系列独创性经验作了理论概括，开辟了农村包围城市、武装夺取政权的正确革命道路，创立了毛泽东思想，并在党的七大上被确立为中国共产党的指导思想。在党的七大上，刘少奇指出，毛泽东思想是"中国的共产主义，中国的马克思主义"②。党的七大通过的《中国共产党章程》总纲指出，以马克思列宁主义的理论与中国革命的实践之统一的思想——毛泽东思想，作为我们党一切工作的指针。中华人民共和国成立后，毛泽东提出把马克思列宁主义基本原理同中国具体实际进行"第二次结合"，并以"写字与临帖"③喻称社会主义建设要"以苏为鉴"。以毛泽东同志为主要代表的中国共产党人，结合新的实际丰富和发展了毛泽东思想，提出了关于社会主义建设的一系列重要思想。毛泽东思想是马克思列宁主义在中国的创造性运用和发展，是被实践证明了的关于中国革命和建设的正确的理论原则和经验总结，是马克思主义中国化的第一次历史性飞跃。之所以称之为第一次历史性飞跃，是因为

---

① 习近平：《在纪念毛泽东同志诞辰130周年座谈会上的讲话》，《人民日报》2023年12月27日第2版。

② 《刘少奇选集》上卷，北京：人民出版社，1981，第333页。

③ 《毛泽东年谱（1949—1976）》第4卷，北京：中央文献出版社，2013，第383页。

在马克思主义发展的链条上,毛泽东思想把马克思主义、马克思列宁主义变成了中国的东西,在中国落地扎根、深入人心。

党的十一届三中全会以后,以邓小平同志为主要代表的中国共产党人,团结带领全党全国各族人民,深刻总结新中国成立以来正反两方面经验,围绕什么是社会主义、怎样建设社会主义这一根本问题,借鉴世界社会主义历史经验,创立了邓小平理论。中国共产党人坚持解放思想,实事求是,明确提出"走自己的路、建设中国特色社会主义"的科学命题,成功开创了中国特色社会主义。党的十三届四中全会以后,以江泽民同志为主要代表的中国共产党人,团结带领全党全国各族人民,坚持党的基本理论、基本路线,加深了对什么是社会主义、怎样建设社会主义和建设什么样的党、怎样建设党的认识,形成了"三个代表"重要思想,成功把中国特色社会主义推向21世纪。党的十六大以后,以胡锦涛同志为主要代表的中国共产党人,团结带领全党全国各族人民,在全面建设小康社会进程中推进实践创新、理论创新、制度创新,深刻认识和回答了新形势下实现什么样的发展、怎样发展等重大问题,形成了科学发展观,成功在新形势下坚持和发展了中国特色社会主义。在改革开放和社会主义现代化建设新时期,我们党明确我国社会的主要矛盾是人民日益增长的物质文化需要同落后的社会生产之间的矛盾,解决这个主要矛盾是我国社会主义建设的中心任务,并提出小康社会目标。从新的实践和时代特征出发,我们党坚持和发展马克思主义,科学回答了建设中国特色社会主义的发展道路、发展阶段、根本任务、发展动力、发展战略、政治保证、祖国统一、外交和国际战略、领导力量和依靠力量等一系列基本问题，形成中国特色社会主义理论体系，实现了马克思主义中国化新的飞跃。之所以称之为新的飞跃，是因为在中国化时代化的马克思主义发展的链条上，中国特色社会主义理论体系为马克思主义、马克思列宁主义特别是毛泽东思想增添了全新的内容，指明了中国发展繁荣的正确道路，中国大踏步赶上了时代。

从不同的维度考察和概括，实现中华民族伟大复兴是党的百年主题，把我国建设成为社会主义现代化国家是中华人民共和国成立后从"一五"计划到"十四五"规划一以贯之的主题，坚持和发展中国特色社会主义是改革开放以来党的全部理论和实践的主题。党的十八大以来，中国特色社会主义进入新时代。中国特色社会主义新时代是我国发展新的历史方位。以习近平同志为主要代表的中国共产党人，坚持把马克思主义基本原理同中国具体实际相结合、同中华优秀传统文化相结合，坚持毛泽东思想、邓小平理论、"三个代表"重要思想、科学发展观，深刻总结并充分运用党成立以来的历史经验，坚持用马克思主义之"矢"去射新时代中国之"的"，从新的实际出发，就新时代坚持和发展什么样的中国特色社会主义、怎样坚持和发展中国特色社会主义，建设什么样的社会主义现代化强国、怎样建设社会主义现代化强国，建设什么样的长期执政的马克思主义政党、怎样建设长期执政的马克思主义政党等重大时代课题，提出了一系列原创性的治国理政新理念新思想新战略，创立了习近平新时代中国特色社会主义思想。党的十九大提出的"八个明确""十四个坚持"，党的十九届六中全会提出的"十个明确""十三个方面成就",党的二十大提出的"十六个方面的历史性成就、历史性变革",概括了这一思想的主要内容。习近平新时代中国特色社会主义思想,以全新的视野深化了对共产党执政规律、社会主义建设规律、人类社会发展规律的认识,是当代中国马克思主义、21世纪马克思主义,是中华文化和中国精神的时代精华,是人类文明和世界智慧的时代精华,实现了马克思主义中国化时代化新的飞跃。之所以称之为"新的飞跃",是因为在中国化时代化的马克思主义发展的链条上,习近平新时代中国特色社会主义思想为马克思主义、马克思列宁主义、毛泽东思想特别是中国特色社会主义理论体系增添了全新的内容,对新时代党和国家事业发展、对推进中华民族伟大复兴历史进程具有决定性意义。因此,习近平新时代中国特色社会主义思想具有重要的中国意义。同时,新时代中国共产党人深刻认识到,当代中国的伟大社会变革,不是简单延续我国历史文化的母版,不是简单套用马克思主义经典作家设想的模板,不是其他国家社会主义实践的再版,也不是国外现代化发展的翻版。马克思主义中国化时代化不断取得成功,使马克思主义以崭新形象展现在世界上,使世界范围内社会主义和资本主义两种意识形态、两种社会制度的历史演进及其较量发生了有利于社会主义的重大转变。面对世界之变、时代之变、历史之变,面对中国之问、世界之问、人民之问、时代之问,习近平新时代中国特色社会主义思想提供了中国智慧、中国答案,蕴含了深厚的历史担当、人民情怀、文化底蕴和科学方法。因此,习近平新时代中国特色社会主义思想具有重要的世界意义。正是在这个意义上,我们完全可以说,习近平新时代中国特色社会主义思想实现了马克思主义中国化时代化新的飞跃,孕育着马克思主义中国化时代化新的历史性飞跃。进一步说,习近平新时代中国特色社会主义思想建基于宏大的马克思主义发展史,有其理论延展和历史生成逻辑,同时也孕育着马克思主义发展链条上新的历史性飞跃。恩格斯指出:"从一种运动形式转变到另一种运动形式,总是一种飞跃,一种决定性的转折。"[①]实践的飞跃是如此,理论的飞跃也是如此。这就是理论创新螺旋式发展的逻辑。这种发展,不仅证明马克思主义具有强大的生命力,中国化时代化的马克思主义行,而且表明马克思主义中国化时代化的飞跃来之不易,必须倍加珍惜。

四、把握好习近平新时代中国特色社会主义思想的世界观和方法论,是不断开辟马克思主义中国化时代化新境界的根基

习近平新时代中国特色社会主义思想的世界观和方法论,以及贯穿其中的立场观点方法,是马克思主义的世界观和方法论以及立场观点方法在21世纪中国的系统集成和创新发展,是其根本立场、思想观点、科学方法的新时代表达,是马克思主义基本原理同新时代中国具体实际相结合、同中华优秀传统文化相结合的结晶。

在对待马克思主义、马克思主义中国化时代化等重大命题方面,中国共产党人是一以贯之、一脉相承的。毛泽东指出:"马克思

---

① 《马克思恩格斯文集》第9卷,北京:人民出版社,2009,第71页。

活着的时候,不能将后来出现的所有问题都看到,也就不能在那时把所有问题都加以解决。俄国的问题只能由列宁解决,中国的问题只能由中国人解决。"① 邓小平指出:"绝不能要求马克思为解决他去世之后上百年、几百年所产生的问题提供现成答案。列宁同样也不能承担为他去世以后五十年、一百年所产生的问题提供现成答案的任务。真正的马克思列宁主义者必须根据现在的情况,认识、继承和发展马克思列宁主义。"② 习近平总书记指出:"我们不能简单拿马克思、恩格斯、列宁当年所说的话来套今天的中国实际,也不能简单拿党过去提出的一些具体理论观点和由此产生的具体政策举措来套今天的工作。什么事情都要看一百多年前是怎么说的、几十年前是怎么说的,不能越雷池一步,只能亦步亦趋,那还怎么前进?!那不是真正的马克思主义!"③ 新时代新征程,我们要把坚持马克思主义和发展马克思主义统一起来,永葆马克思主义的生机活力,不断开辟马克思主义中国化时代化新境界,创造马克思主义同中国具体实际相结合、同中华优秀传统文化相结合的新形态。只有坚持和发展马克思主义,马克思主义真理之河才能源远流长;只有植根本国、本民族历史文化沃土,马克思主义真理之树才能根深叶茂;只有不断正确回答时代和实践提出的重大问题,才能始终保持马克思主义的蓬勃生机和旺盛活力。

---

① 《毛泽东文集》第八卷,北京:人民出版社,1991,第5页。
② 《邓小平文选》第3卷,北京:人民出版社,1993,第291页。
③ 习近平:《更好把握和运用党的百年奋斗历史经验》,《求是》2022年第13期。

实践没有止境，理论创新也没有止境。继续推进实践基础上的理论创新，首先要把握好习近平新时代中国特色社会主义思想的世界观和方法论，坚持好、运用好贯穿其中的立场观点方法。习近平在党的二十大报告中提出"六个必须坚持"，即必须坚持人民至上、必须坚持自信自立、必须坚持守正创新、必须坚持问题导向、必须坚持系统观念、必须坚持胸怀天下。

必须坚持人民至上。在中国共产党人的视域中，"人民"二字的分量最重。人民性是马克思主义的本质属性。党的理论、理论创新、理论的生命力与人民、人民的创造性实践、人民的幸福紧密联系在一起。因此，我们要站稳人民立场、把握人民愿望、尊重人民创造、集中人民智慧，形成为人民所喜爱、所认同、所拥有的理论。归根到底，就是使党的创新理论成为指导人民认识世界和改造世界的强大思想武器。必须坚持自信自立。贯穿其中的一个基本点就是中国的问题必须从中国基本国情出发，由中国人自己来解答。归根到底，就是解决中国问题，创造些新的东西，为发展马克思主义作出新的贡献。必须坚持守正创新。贯穿其中的一个主要点就是敢于说前人没有说过的新话，敢于干前人没有干过的事情，以新的理论指导新的实践。对待马克思主义，既不能采取教条主义的态度，也不能采取实用主义的态度。归根到底，就是以科学的态度对待科学，以真理的精神追求真理。必须坚持问题导向。思维始于问题，创新始于问题，发展始于问题。增强问题意识，科学对待问题，对问题进行分类分层，聚焦新问题、深层次问题、急难愁盼问题、重大问题、突出问题。归根到底就是，深刻懂得理论的根本任务是回答并指导解决问题。必须坚持系统观念。不断提高战略思维、历史思维、辩证思维、系统思维、创新思维、法治思维、底线思维能力,把握好全局和局部、当前和长远、宏观和微观、主要矛盾和次要矛盾、特殊和一般的关系。归根到底,就是认清我国基本国情,为前瞻性思考、全局性谋划、整体性推进党和国家各项事业提供科学思维方法。必须坚持胸怀天下。中国共产党是为中国人民谋幸福、为中华民族谋复兴的党,也是为人类谋进步、为世界谋大同的党。归根到底,就是为了全面建设更加美好的中国,推动建设更加美好的世界。

"六个必须坚持"深刻揭示了习近平新时代中国特色社会主义思想根本的政治立场、彻底的理论品格、独有的精神气质和科学的思想方法,它们构成相互联系、内在统一的有机整体,是习近平新时代中国特色社会主义思想的精髓和灵魂。

马克思指出:"每个原理都有其出现的世纪。"① 如果说毛泽东思想这一马克思主义中国化的第一次历史性飞跃解决的是中国站起来的问题,中国特色社会主义理论体系这一马克思主义中国化新的飞跃解决的是中国富起来的问题,那么习近平新时代中国特色社会主义思想这一马克思主义中国化时代化新的飞跃解决的则是中国强起来的问题,并同时为人类进步、世界大同提供中国智慧、中国方案的问题。从最本质的意义上讲,"理论的飞跃"反映

---

① 《马克思恩格斯选集》第1卷,北京:人民出版社,2012,第227页。

的是"存在"的飞跃、"现实"的飞跃、"实践"的飞跃。中国共产党发展壮大的密码，党和国家事业发展壮大的密码，归根到底，就是不断书写马克思主义中国化时代化的新篇章，开辟马克思主义中国化时代化的新境界。历史已经证明并将继续证明：马克思主义没有辜负中国，中国没有辜负马克思主义。

习近平新时代中国特色社会主义思想的世界观和方法论

党的二十大是在全党全国各族人民迈上全面建设社会主义现代化国家新征程、向第二个百年奋斗目标进军的关键时刻召开的一次十分重要的大会，是一次高举旗帜、凝聚力量、团结奋进的大会。习近平总书记在大会上所作的报告，是党和人民智慧的结晶，是党团结带领全国各族人民夺取中国特色社会主义新胜利的政治宣言和行动纲领，是马克思主义的纲领性文献。学习宣传贯彻党的二十大精神，是当前和今后一个时期全党全国的首要政治任务，事关党和国家事业继往开来，事关中国特色社会主义前途命运，事关中华民族伟大复兴。习近平总书记强调，学习贯彻党的二十大精神，其要求之一，就是牢牢把握新时代中国特色社会主义思想的世界观和方法论。①《中共中央关于认真学习宣传贯彻党的二十大精

---

① 参见《习近平在参加党的二十大广西代表团讨论时强调 心往一处想劲往一处使推动中华民族伟大复兴号巨轮乘风破浪扬帆远航》，《人民日报》2022年10月18日第1版。

神的决定》强调,学习宣传贯彻党的二十大精神,其要求之一,就是深刻领会开辟马克思主义中国化时代化新境界,聚焦到把握好马克思主义中国化时代化最新成果的世界观和方法论,坚持好、运用好贯穿其中的立场观点方法上。[①]实际上,这就是要求我们弄清楚、弄明白党的创新理论蕴含的道理学理哲理,持之以恒以"六个必须坚持"即必须坚持人民至上、必须坚持自信自立、必须坚持守正创新、必须坚持问题导向、必须坚持系统观念、必须坚持胸怀天下来武装头脑、指导实践、推动工作、谋求发展。

一、马克思主义为人类求解放的历史使命与近代中国社会的历史任务高度契合

党的二十大报告单列一个部分论述了"开辟马克思主义中国化时代化新境界",深刻总结了我们党坚持和发展马克思主义的历史经验。习近平总书记在党的二十大报告中指出:"中国共产党为什么能,中国特色社会主义为什么好,归根到底是马克思主义行,是中国化时代化的马克思主义行。"[②]马克思主义是我们立党立国、兴党兴国的根本指导思想。马克思主义是中国共产党人的"真

[①] 参见《中共中央关于认真学习宣传贯彻党的二十大精神的决定》,《人民日报》2022年10月31日第1版。

[②] 习近平:《高举中国特色社会主义伟大旗帜 为全面建设社会主义现代化国家而团结奋斗——在中国共产党第二十次全国代表大会上的报告》,北京:人民出版社,2022,第16页。

经"。拥有马克思主义科学理论指导是我们党坚定信仰信念、把握历史主动的根本所在。历史地看,推进马克思主义中国化时代化是一个追求真理、揭示真理、笃行真理的过程。

党的十八大后不久,习近平总书记指出:"一个国家实行什么样的主义,关键要看这个主义能否解决这个国家面临的历史性课题。"① 19世纪40年代,在对现实资本主义社会的彻底批判和未来共产主义社会的科学论证中,马克思、恩格斯创立了马克思主义。此后,马克思主义跨越19世纪、20世纪、21世纪,传遍欧洲、亚洲、美洲、非洲、大洋洲。一部马克思主义发展史,就是马克思主义不断根据时代、实践、认识发展而不断发展的历史,也是不断吸收人类历史上一切优秀思想文化成果不断丰富的历史。马克思主义深刻揭示了自然界、人类社会、人类思维发展的普遍规律。马克思主义博大精深,归根到底就是一句话:为人类求解放。马克思主义理论不是教条而是行动指南,必须运用其科学真理解决各国面临的实际问题。1840年鸦片战争以后,中国逐步成为半殖民地半封建社会,争取民族独立、人民解放与实现国家富强、人民幸福成为近代中国两大历史任务。面对这一历史任务,各种各样的主义和方案都尝试过,又都失败了,都没有能够改变中国的前途命运。马克思曾指出:"理论在一个国家实现的程度,总是取决于理论满足这个国

---

① 《习近平谈治国理政》第一卷,北京:外文出版社,2018,第22页。

家的需要的程度。"①总结中国共产党28年奋斗史,毛泽东指出:"十月革命一声炮响,给我们送来了马克思列宁主义。十月革命帮助了全世界的也帮助了中国的先进分子,用无产阶级的宇宙观作为观察国家命运的工具,重新考虑自己的问题。"②马克思主义、马克思列宁主义植根中国并展现出强大力量,既具有历史必然性,也具有现实可能性,主要体现在:其一,马克思主义担负的历史使命与近代中国面临的历史任务高度契合;其二,近代中国与十月革命前的俄国国情近似,十月革命后的苏俄(以及苏联)对中国采取了不同于帝国主义国家的政策。马克思主义、马克思列宁主义来到中国,也意味着同时开启了马克思主义中国化时代化的历史进程,并不断开辟了马克思主义中国化时代化新境界。

我们党深刻认识到,近代中国社会的主要矛盾是帝国主义和中华民族的矛盾、封建主义和人民大众的矛盾。实现中华民族伟大复兴,必须进行反帝反封建斗争,首先实现民族独立、人民解放。以毛泽东同志为主要代表的中国共产党人,把马克思列宁主义基本原理同中国具体实际相结合,对经过艰苦探索、付出巨大牺牲所积累的一系列独创性经验进行了理论概括,开辟了农村包围城市、武装夺取政权的正确革命道路,创立了毛泽东思想,为夺取新民主主义革命的胜利指明了正确方向。中华人民共和国成立后,毛泽东又

---

① 《马克思恩格斯文集》第1卷,北京:人民出版社,2009,第12页。
② 《毛泽东选集》第四卷,北京:人民出版社,1991,第1471页。

提出把马克思列宁主义基本原理同中国具体实际进行"第二次结合",以毛泽东同志为主要代表的中国共产党人,结合新的实际丰富和发展毛泽东思想,提出了关于社会主义建设的一系列重要思想。毛泽东思想是马克思列宁主义在中国的创造性运用和发展,是被实践证明了的关于中国革命和建设的正确的理论原则和经验的总结,是马克思主义中国化的第一次历史性飞跃。在改革开放和社会主义现代化建设新时期,我们党从新的实践和时代特征出发,坚持和发展马克思主义,科学回答了建设中国特色社会主义的发展道路、发展阶段、根本任务、发展动力、发展战略、政治保证、祖国统一、外交和国际战略、领导力量和依靠力量等一系列基本问题,形成了中国特色社会主义理论体系,实现了马克思主义中国化新的飞跃。

二、习近平新时代中国特色社会主义思想是马克思主义中国化时代化最新成果

时代是思想之母,实践是理论之源。党的十八大以来,中国特色社会主义进入新时代。面对国内外形势新变化和实践新要求,以习近平同志为主要代表的中国共产党人,坚持把马克思主义基本原理同中国具体实际相结合、同中华优秀传统文化相结合,坚持毛泽东思想、邓小平理论、"三个代表"重要思想、科学发展观,深刻总结并充分运用我们党百余年积淀的历史经验特别是新时代十余年创造的新经验,从理论和实践的结合上深入回答了关于党和国家事业发展、党治国理政的一系列重大时代课题,创立了习近平新

时代中国特色社会主义思想。

我们党勇于进行理论探索和创新。习近平总书记就新时代坚持和发展什么样的中国特色社会主义、怎样坚持和发展中国特色社会主义，建设什么样的社会主义现代化强国、怎样建设社会主义现代化强国，建设什么样的长期执政的马克思主义政党、怎样建设长期执政的马克思主义政党等重大时代课题，进行了深邃思考、科学判断、正确回答，提出了一系列原创性的治国理政新理念新思想新战略，贯通马克思主义哲学、政治经济学、科学社会主义，以全新的视野深化了对共产党执政规律、社会主义建设规律、人类社会发展规律的认识。党的十九大、十九届六中全会提出的"十个明确""十四个坚持""十三个方面成就"概括了习近平新时代中国特色社会主义思想的主要内容。它们彼此呼应、相互贯通，明确了新时代坚持和发展中国特色社会主义的总目标、总任务、总体布局、战略布局和发展方向、发展方式、发展动力、战略步骤、外部条件、政治保证等基本问题，构成了系统全面、逻辑严密、内涵丰富、内在统一的科学理论体系，必须长期坚持并不断丰富发展。习近平总书记是习近平新时代中国特色社会主义思想的主要创立者。伟大时代产生伟大理论，伟大理论指引伟大实践。习近平新时代中国特色社会主义思想指导新时代中国采取一系列战略性举措，推进一系列变革性实践，实现一系列突破性进展，取得一系列标志性成果，推动我国迈上全面建设社会主义现代化国家新征程，实现了马克思主义中国化时代化新的飞跃，开辟了马克思主义中国化时代化新境界。

中国共产党成立一百余年来,马克思主义中国化时代化的接续推进与中国化时代化的马克思主义的接续创新相辅相成、相得益彰。习近平新时代中国特色社会主义思想是马克思主义中国化时代化的最新成果,是当代中国马克思主义、21世纪马克思主义。今天,我们之所以说马克思主义行、中国化时代化的马克思主义行,是因为马克思主义揭示了客观世界特别是人类社会发展的一般规律,为我们认识世界、改造世界提供了科学的世界观和方法论;中国化时代化的马克思主义在中国落地扎根、深入人心,赋予了马克思主义这一普遍真理新的生命活力。正如习近平总书记在党的二十大报告中所指出的:"党的百年奋斗成功道路是党领导人民独立自主探索开辟出来的,马克思主义的中国篇章是中国共产党人依靠自身力量实践出来的,贯穿其中的一个基本点就是中国的问题必须从中国基本国情出发,由中国人自己来解答。"① 历史已经证明并将继续证明:马克思主义没有辜负中国,中国没有辜负马克思主义,正如同社会主义没有辜负中国,中国没有辜负社会主义。

三、深刻把握习近平新时代中国特色社会主义思想的世界观和方法论

实践没有止境,理论创新也没有止境。不断谱写马克思主义中

---

① 《习近平著作选读》第一卷,北京:人民出版社,2023,第16页。

国化时代化新篇章,是新时代中国共产党人的庄严历史责任。在党的二十大报告中,习近平总书记指出:"继续推进实践基础上的理论创新,首先要把握好新时代中国特色社会主义思想的世界观和方法论,坚持好、运用好贯穿其中的立场观点方法。"① 党的二十大报告对其进行了科学概括和高度提炼,即必须坚持人民至上、必须坚持自信自立、必须坚持守正创新、必须坚持问题导向、必须坚持系统观念、必须坚持胸怀天下。这"六个必须坚持",对于我们深刻领悟习近平新时代中国特色社会主义思想的道理学理哲理具有重要意义。

世界观是人们对世界的总的根本的观点。方法论是指导人们认识世界、改造世界的最一般、最根本的思维方式和思维理念。世界观与方法论是一致的,有什么样的世界观就有什么样的方法论。辩证唯物主义和历史唯物主义是马克思主义根本的世界观和方法论。首先,辩证唯物主义和历史唯物主义是无产阶级的科学世界观和方法论。其次,辩证唯物主义和历史唯物主义也是马克思主义理论科学体系的哲学基础。马克思、恩格斯运用唯物史观的基本原理,着重剖析资本主义社会,揭示了资本主义经济发展的规律,形成了科学的剩余价值学说;揭露了资本主义剥削的秘密,得出了资本主义必然灭亡、社会主义必然胜利的结论。在此基础上,马克思、恩格斯又运用辩证唯物主义和历史唯物主义的基本原理,提出了

---

① 《习近平著作选读》第一卷,北京:人民出版社,2023,第16页。

无产阶级的历史使命,阐明了无产阶级革命和无产阶级专政理论以及无产阶级建党学说,从而创立了科学社会主义理论。习近平在党的二十大报告中指出:"中国共产党人深刻认识到,只有把马克思主义基本原理同中国具体实际相结合、同中华优秀传统文化相结合,坚持运用辩证唯物主义和历史唯物主义,才能正确回答时代和实践提出的重大问题,才能始终保持马克思主义的蓬勃生机和旺盛活力。"①

马克思主义政党的一切理论和奋斗,都必须致力于实现以无产阶级和劳动者为主体的广大人民的根本利益,这是马克思主义鲜明的政治立场。首先,这是由马克思主义理论的特性决定的。其次,这是由无产阶级的历史使命决定的。唯物史观认为,无产阶级是一个被资本主义统治的锁链彻底束缚住了的阶级,无产阶级的革命和无产阶级自身的解放同人类社会发展的规律、人类的彻底解放的必然趋势是完全一致的。无产阶级只有解放全人类,才能最后彻底解放它自己。最后,是否始终站在广大人民的立场上,是唯物史观与唯心史观的分水岭,也是判断马克思主义政党的试金石。习近平总书记在纪念马克思诞辰200周年大会上的讲话中强调:"我们要始终把人民立场作为根本立场,把为人民谋幸福作为根本使命,坚持全心全意为人民服务的根本宗旨。"②

---

① 《习近平著作选读》第一卷,北京:人民出版社,2023,第14页。
② 习近平:《在纪念马克思诞辰200周年大会上的讲话》,北京:人民出版社,2018,第17页。

习近平新时代中国特色社会主义思想的世界观和方法论与马克思主义的世界观和方法论既一脉相承又与时俱进。真学真懂真信真用习近平新时代中国特色社会主义思想,不仅要"知其言",还要"知其义",更要"知其原义";不仅要"知其然",还要"知其所以然",更要"知其所以必然"。这个"义"和"原义""所以然"和"所以必然",最主要的就是习近平新时代中国特色社会主义思想的世界观和方法论。如果不能够完整、系统、深刻地把握习近平新时代中国特色社会主义思想的世界观和方法论,以及贯穿其中的立场观点方法,我们就不能真正领悟习近平新时代中国特色社会主义思想的精髓要义,就不能真正领悟蕴含于习近平新时代中国特色社会主义思想之中的道理学理哲理,就不能真正用习近平新时代中国特色社会主义思想武装头脑、指导实践、推动工作、谋求发展。

必须坚持人民至上。人民性是马克思主义的本质属性。马克思主义第一次创立了人民实现自身解放的思想体系。在中国共产党人的视域中,"人民"二字的分量最重。党的理论创新、党的创新理论与人民的创造性实践、人民的美好幸福生活紧密联系在一起。因此,我们要站稳人民立场、把握人民愿望、尊重人民创造、集中人民智慧,形成为人民所喜爱、所认同、所拥有的理论。坚持人民至上,是贯穿习近平新时代中国特色社会主义思想的一条红线和主线,是新时代中国共产党人的根本价值取向。习近平总书记强调,"我们党来自人民、根植人民,人民群众的支持和拥护是我们胜利前进的不竭力量源泉"①,因此,"始终要把人民放在心中最高的位置,始终全心全意为人民服务,始终为人民利益和幸福而努力工作"②。坚持人民至上,归根到底,就是使党的创新理论成为指导人民认识世界和改造世界的强大思想武器。

必须坚持自信自立。自信是我们党在长期斗争中铸就的精神气质,自立是我们立党立国的重要原则。贯穿党的百余年奋斗的一个基本点就是中国的问题必须从中国基本国情出发,由中国人自己来解答。习近平新时代中国特色社会主义思想生动体现了独立自主的探索和实践精神,贯穿着走自己的路的坚定决心和信心,特别是坚定中国特色社会主义道路自信、理论自信、制度自信、文化自信。坚定历史自信、增强历史主动,既不能刻舟求剑、封闭僵化,也不能照抄照搬、食洋不化。坚持自信自立,归根到底,就是在历史自觉中解决中国的实际问题,为发展马克思主义作出新的贡献。

必须坚持守正创新。我们从事的是前无古人的伟大事业。只有守正,才能不迷失方向,不犯颠覆性错误;只有创新,才能把握时机,引领时代。贯穿守正创新的一个主要点,就是坚持马克思主义基本原理不动摇,坚持党的全面领导不动摇,坚持中国特色社会主义不动摇,同时敢于说前人没有说过的新话,敢于干前人没有干过的事情,以新的理论指导新的实践,以新的实践创造新的理论。对

---

① 《习近平谈治国理政》第三卷,北京:外文出版社,2020,第523页。
② 《习近平谈治国理政》第三卷,北京:外文出版社,2020,第139页。

待马克思主义,既不能采取教条主义或本本主义的态度,也不能采取实用主义或经验主义的态度。坚持守正创新,归根到底,就是既不能削足适履,也不能削履适足,还不能赤脚走路,而必须按足制履、制履适足,穿合适的鞋子,走前景光明的新途和正道,此即谓以科学的态度对待科学、以真理的精神追求真理。唯有如此,才能行稳致远。

必须坚持问题导向。问题是时代的声音。思维始于问题,创新始于问题,发展始于问题。增强问题意识,科学对待问题,对问题进行分类分层,聚焦实践遇到的新问题、改革发展稳定存在的深层次问题、人民群众急难愁盼问题、国际变局中的重大问题、党的建设面临的突出问题,是新时代中国共产党人必须直面的现实任务。坚持问题导向,归根到底,就是深刻懂得理论的根本任务是回答并指导解决问题,不断提出真正解决问题的新理念新思路新办法,不断开创党和国家事业发展的新局面。

必须坚持系统观念。系统观念是辩证唯物主义的重要认识论和方法论,是具有基础性的思想和工作方法。新时代中国正经历着我国历史上最为广泛而深刻的社会变革,也正在进行着人类历史上最为宏大而独特的实践创新,全面深化改革、调整利益关系,往往牵一发而动全身。因此,我们要不断提高战略思维、历史思维、辩证思维、系统思维、创新思维、法治思维、底线思维能力,把握好全局和局部、当前和长远、宏观和微观、主要矛盾和次要矛盾、特殊和一般的关系,真正做到通过历史看现实、透过现象看本质。坚持系统观念,归根到底,就是认清我国基本国情,知其所来、识其所在、明其将往,为前瞻性思考、全局性谋划、整体性推进党和国家各项事业提供科学思维方法。

必须坚持胸怀天下。中国共产党是为中国人民谋幸福、为中华民族谋复兴的党,也是为人类谋进步、为世界谋大同的党。在百余年奋斗历程中,我们党始终以世界眼光关注人类前途命运,始终站在历史正确一边,站在人类进步一边。今天,面对世界之变、时代之变、历史之变,我们必须回答中国之问、世界之问、人民之问、时代之问,提供中国答案,贡献中国智慧。坚持胸怀天下,归根到底,就是坚持海纳百川,期冀美美与共,铸牢中华民族共同体意识,全面建设富强民主文明和谐美丽的社会主义现代化强国;推动构建人类命运共同体,致力建设持久和平、普遍安全、共同繁荣、开放包容、清洁美丽的世界。

"六个必须坚持"深刻揭示了习近平新时代中国特色社会主义思想根本的政治立场、彻底的理论品格、独有的精神气质和科学的思想方法,它们构成了相互联系、内在统一的有机整体,是习近平新时代中国特色社会主义思想的核心要求,是习近平新时代中国特色社会主义思想的精髓和灵魂,是在实践基础上不断开辟马克思主义中国化时代化新境界必须遵循和把握的世界观和方法论、必须坚持好和运用好的立场观点方法。总之,"六个必须坚持"既是深刻理解习近平新时代中国特色社会主义思想必须牢牢把握的基本点和"金钥匙",也是继续推进实践基础上的理论创新必须始终坚持的基本点和"金钥匙",同时标志着新时代党的创新理论更加成熟、党的理论创新更加自信。"六个必须坚持"的提出,使习近平新时代中国特色社会主义思想的科学理论体系拥有了坚实的哲学基础。新时代新征程,我们要增强政治自觉、思想自觉、行动自觉,坚持不懈用习近平新时代中国特色社会主义思想武装头脑、指导实践、推动工作、谋求发展,同心同德、勇毅前行,全面建设社会主义现代化国家、全面推进中华民族伟大复兴历史进程。

"五个牢牢把握":学习二十大精神的"金钥匙"

学习贯彻党的二十大精神,是当前和今后相当长一个时期党和国家的首要政治任务。习近平总书记在参加党的二十大广西代表团讨论时强调,学习贯彻党的二十大精神,要牢牢把握过去五年工作和新时代十年伟大变革的重大意义,牢牢把握新时代中国特色社会主义思想的世界观和方法论,牢牢把握以中国式现代化推进中华民族伟大复兴的使命任务,牢牢把握以伟大自我革命引领伟大社会革命的重要要求,牢牢把握团结奋斗的时代要求。"五个牢牢把握",是学习贯彻党的二十大精神的"金钥匙",具有方法论的重要指导意义。

一、牢牢把握过去五年工作和新时代十年伟大变革的重大意义,坚定历史自信,增强历史自觉,把握历史主动

党的十九大以来的五年是极不寻常、极不平凡的五年。五年间,我们党团结带领全国人民,攻克了许多长期没有解决的难题,办成了许多事关长远的大事要事,推动党和国家事业取得举世瞩目的重大成就。过去五年是新时代十年的重要组成部分。新时代十年,党和国家事业取得历史性成就、发生历史性变革,并集中体现在理论创新、党的领导、战略部署、脱贫攻坚、新发展理念、全面深化改革等十六个方面和领域。实践证明,党的十八大以来,党中央的大政方针和工作部署是完全正确的。

新时代十年的伟大变革,在党史、新中国史、改革开放史、社会主义发展史、中华民族发展史上具有重要里程碑意义。新时代的伟大成就是党和人民一道拼出来、干出来、奋斗出来的,根本在于以习近平同志为核心的党中央掌舵领航,在于习近平新时代中国特色社会主义思想指引航向。

成就来之不易,经验弥足珍贵。只有牢牢把握过去五年工作和新时代十年伟大变革的重大意义,我们才能更好地理解新时代中国特色社会主义所处的历史方位,进一步增强全党全国各族人民的自信心、自豪感以及志气、骨气、底气,使全体党员干部深刻领悟"两个确立"的决定性意义,增强"四个意识"、坚定"四个自信"、做到"两个维护",坚定不移推进中华民族伟大复兴历史进程。基于此,在新时代新征程上,我们要进一步坚定历史自信,增强历史自觉,把握历史主动,奋力谱写新时代中国特色社会主义更加绚丽的华章。

二、牢牢把握习近平新时代中国特色社会主义思想的世界观和方法论,深刻领会党的创新理论蕴含的道理学理哲理

科学的思想理论,引领伟大的实践探索;非凡的伟大变革,推动理论创新的前行步伐。党的十八大以来,我们党勇于进行理论探索和创新,以全新的视野深化对共产党执政规律、社会主义建设规

律、人类社会发展规律的认识,取得重大理论创新成果,集中体现为习近平新时代中国特色社会主义思想。

真学真懂真信真用习近平新时代中国特色社会主义思想,不仅要"知其言",还要"知其义",更要"知其原义";不仅要"知其然",还要"知其所以然",更要"知其所以必然"。这个"义"和"原义"、"所以然"和"所以必然",其中最主要的就是习近平新时代中国特色社会主义思想的世界观和方法论。

党的二十大报告指出:"继续推进实践基础上的理论创新,首先要把握好新时代中国特色社会主义思想的世界观和方法论,坚持好、运用好贯穿其中的立场观点方法。"① 具体而言:其一,必须坚持人民至上,站稳人民立场、把握人民愿望、尊重人民创造。其二,必须坚持自信自立,从中国基本国情出发,由中国人自己来解决中国问题、创造些新的东西。其三,必须坚持守正创新,敢于说前人没有说过的新话,敢于干前人没有干过的事情,以新的理论指导新的实践,为发展马克思主义作出新的贡献。其四,必须坚持问题导向,增强问题意识,科学对待问题,懂得理论的根本任务是回答并指导解决问题。其五,必须坚持系统观念,不断提高一系列思维能力,把握好一系列关系,认清我国基本国情,为前瞻性思考、全局性谋划、整体性推进党和国家各项事业提供科学思维方法。其六,必须坚持胸怀天下,既为中国人民谋幸福、为中华民族谋复兴,同

---

① 《习近平著作选读》第一卷,北京:人民出版社,2023,第16页。

时也为人类谋进步、为世界谋大同,全面建设更加美好的中国、推动建设更加美好的世界。

这"六个必须坚持",深刻揭示了习近平新时代中国特色社会主义思想根本的政治立场、彻底的理论品格、独有的精神气质和科学的思想方法,以及其蕴含的道理学理哲理,成为习近平新时代中国特色社会主义思想的精髓和灵魂。

三、牢牢把握以中国式现代化推进中华民族伟大复兴的使命任务,明确中国共产党要干什么的根本问题

历史总是在接力中前进的,一代人有一代人的使命任务。一百多年来,中国共产党团结带领中国人民进行的一切奋斗、一切牺牲、一切创造,归结起来就是一个主题:实现中华民族伟大复兴。百年主题,矢志不渝,这在世界政党发展史上是绝无仅有的。党的二十大报告强调,从现在起,中国共产党的中心任务就是团结带领全国各族人民全面建成社会主义现代化强国、实现第二个百年奋斗目标,以中国式现代化全面推进中华民族伟大复兴。

进入新时代以来,党对建设社会主义现代化国家在认识上不断深入、战略上不断成熟、实践上不断丰富,成功推进和拓展了中国式现代化。党的二十大报告创造性提出了中国式现代化的本质要求,即坚持中国共产党领导,坚持中国特色社会主义,实现高质量发展,发展全过程人民民主,丰富人民精神世界,实现全体人民共同富裕,促进人与自然和谐共生,推动构建人类命运共同体,创

造人类文明新形态。中国式现代化,归根到底就是中国共产党领导的社会主义现代化,而不是什么别的现代化。

现代化与中华民族伟大复兴紧密连在一起,都是中国共产党人的百年追求。建设社会主义现代化国家是新中国成立以来中国共产党从"一五"计划到"十四五"规划一以贯之的主题。中国式现代化扎根中国大地,切合中国实际。明确中国式现代化的特征、本质要求和重大原则,丰富和发展了习近平新时代中国特色社会主义思想,反映了以中国式现代化全面推进中华民族伟大复兴的历史自觉,回答了中国共产党要干什么的根本问题。只有牢牢把握以中国式现代化推进中华民族伟大复兴的使命任务,才能使我们党在新时代新征程上既不走封闭僵化的老路,也不走改旗易帜的邪路,从而更好地坚持把国家和民族发展放在自己力量的基点上、把中国发展进步的命运牢牢掌握在自己手中,在走符合中国国情的正确道路上行稳致远。

四、牢牢把握以伟大自我革命引领伟大社会革命的重要要求,确保中国共产党永远不变质、不变色、不变味

全面建设社会主义现代化国家、全面推进中华民族伟大复兴,关键在党。坚持党的全面领导是坚持和发展中国特色社会主义的必由之路。坚持党的全面领导,就要做到坚决维护党中央权威和集中统一领导,把党的领导落实到党和国家各项事业各领域各方面各环节,使党始终成为风雨来袭时全体人民最可靠的主心骨。

党的十八大以来,党中央以"十年磨一剑"的定力推进全面从严治党,以"得罪千百人,不负十四亿"①的使命担当推进史无前例的反腐败斗争,打出一套自我革命的"组合拳"。经过不懈努力,党找到了自我革命这一跳出治乱兴衰历史周期率的第二个答案,自我净化、自我完善、自我革新、自我提高能力显著增强,管党治党宽松软状况得到根本扭转。

中国共产党人的事业没有休止符,全面从严治党永远在路上,党的自我革命永远在路上,决不能松劲歇脚、疲劳厌战。我们要永葆"赶考"的清醒和坚定,时刻保持解决大党独有难题的清醒和坚定,深刻认识党面临的执政考验、改革开放考验、市场经济考验、外部环境考验将长期存在,精神懈怠危险、能力不足危险、脱离群众危险、消极腐败危险将长期存在。我们必须牢牢把握反腐败斗争新的阶段性特征,即防范形形色色的利益集团成伙作势、"围猎"腐蚀还任重道远,有效应对腐败手段隐形变异、翻新升级还任重道远,彻底铲除腐败滋生土壤、实现海晏河清还任重道远,清理系统性腐败、化解风险隐患还任重道远,必须永远吹冲锋号,坚持不敢腐、不能腐、不想腐一体推进,锲而不舍落实中央八项规定精神,持续深化纠治"四风"。

新时代新征程,全党同志务必不忘初心、牢记使命,务必谦虚谨慎、艰苦奋斗,务必敢于斗争、善于斗争,以伟大自我革命引领伟

---

① 习近平:《高举中国特色社会主义伟大旗帜　为全面建设社会主义现代化国家而团结奋斗——在中国共产党第二十次全国代表大会上的报告》,北京:人民出版社,2022,第13页。

大社会革命,确保党永远不变质、不变色、不变味,确保始终成为中国特色社会主义事业坚强领导核心,在走好新的"赶考"路上交出永载史册的答卷,不断谱写中华民族千秋伟业新篇章。

五、牢牢把握团结奋斗的时代要求,创造新的伟业,开辟美好未来

团结奋斗是中国人民创造历史伟业的必由之路。团结才能胜利,奋斗才会成功。党的十八大以来,我们党紧紧依靠人民,稳经济、促发展,战贫困、建小康,控疫情、抗大灾,应变局、化危机,攻克一个个看似不可攻克的难关险阻,创造一个个令人刮目相看的人间奇迹。

牢牢把握团结奋斗的时代要求,必须坚持全心全意为人民服务的根本宗旨,树牢群众观点,贯彻群众路线,尊重人民首创精神,坚持一切为了人民、一切依靠人民,从群众中来、到群众中去,始终保持同人民群众的血肉联系,始终接受人民批评和监督,始终同人民同呼吸、共命运、心连心,不断巩固全国各族人民大团结,加强海内外中华儿女大团结,同心共圆中国梦。

新时代新征程,只有牢牢把握团结奋斗的时代要求,才能以自信自强、守正创新、踔厉奋发、勇毅前行的精神状态,继续高举中国特色社会主义伟大旗帜,撸起袖子加油干、风雨无阻向前行,不折不扣、脚踏实地、一步一个脚印把党的二十大作出的重大决策部署付诸行动、见诸成效。空谈误国,实干兴邦。我们靠团结奋斗创造了辉煌历史,还要靠团结奋斗开辟美好未来。正如习近平总书记所要求的,全党全国各族人民要在党的旗帜下团结成"一块坚硬的钢铁",心往一处想、劲往一处使,推动中华民族伟大复兴号巨轮乘风破浪、扬帆远航。

"五个必由之路"与"五个重大原则"的新时代意蕴和旨归及逻辑机理

中国共产党已经走过百余年历程。在中国共产党领导下,中国发生了天翻地覆的变化。特别是新时代十年,中华民族伟大复兴进入不可逆转的历史进程,中国正携带着新时代十年的伟大成就迈上全面建设社会主义现代化国家新征程。究其原因,就在于中国大地上有了中国共产党,就在于中国共产党是一个善于总结经验和教训的党、是一个善于擘画目标和愿景的党、是一个始终保持清醒和坚定的党。新时代新征程,习近平总书记在党的二十大报告中重申了"五个必由之路"这一至关紧要的规律性认识,强调了"五个重大原则"这一前进道路上的根本性遵循,具有重大现实意义和深远历史意义。

一、"五个必由之路":基于新时代十年伟大实践得出的至关紧要的规律性认识

以史为鉴,可以知兴替。中国共产党具有高度重视并善于总结历史经验教训的优良传统。习近平总书记指出:"我们党一步

步走过来,很重要的一条就是不断总结经验、提高本领,不断提高应对风险、迎接挑战、化险为夷的能力水平。"①从最根本的意义上说,中国共产党的历史就是一部党领导人民不断总结经验、把握规律、开拓奋进、创造伟业的发展史。1942年,毛泽东在《如何研究中共党史》中曾一针见血地指出:"如果不把党的历史搞清楚,不把党在历史上所走的路搞清楚,便不能把事情办得更好。"②1964年,毛泽东在《学习马克思主义的认识论和辩证法》中指出:"人类总得不断地总结经验,有所发现,有所发明,有所创造,有所前进。"③1987年,邓小平谈道:"我们现在的路线、方针、政策是在总结了成功时期的经验、失败时期的经验和遭受挫折时期的经验后制定的。"④在中国共产党成立95周年、改革开放40周年、中华人民共和国成立70周年、中国共产党成立100周年的庆祝大会上,习近平总书记先后强调"八个就要""九个必须坚持""五个要坚持""九个必须"等;在脱贫攻坚总结表彰大会、抗击新冠肺炎疫情表彰大会上先后提出"七个坚持"和"六个再次证明"等,所有这些,都是我们党从不同维度、不同领域对历史经验作出科学总结得出的正确结论。2021年11月,党的十九届六中全会通过《中共

---

① 习近平:《在党史学习教育动员大会上的讲话》,北京:人民出版社,2021,第16—17页。

② 《毛泽东文集》第二卷,北京:人民出版社,1993,第399页。

③ 《毛泽东文集》第八卷,北京:人民出版社,1999,第325页。

④ 《邓小平文选》第3卷,北京:人民出版社,1993,第234页。

中央关于党的百年奋斗重大成就和历史经验的决议》,系统总结了党百年成功的历史经验,即坚持党的领导,坚持人民至上,坚持理论创新,坚持独立自主,坚持中国道路,坚持胸怀天下,坚持开拓创新,坚持敢于斗争,坚持统一战线,坚持自我革命。这"十个坚持",是系统完整、相互贯通的有机整体,揭示了党和人民事业不断成功的根本保证,揭示了党始终立于不败之地的力量源泉,揭示了党始终掌握历史主动的根本原因,揭示了党永葆先进性和纯洁性、始终走在时代前列的根本途径。习近平总书记指出:"党的经验不是从天上掉下来的,也不是从书本上抄来的,而是我们党在历经艰辛、饱经风雨的长期摸索中积累下来的,饱含着成败和得失,凝结着鲜血和汗水,充满着智慧和勇毅。"① 因此,我们必须倍加珍惜,从中得到有益的启迪、汲取前进的力量。

在党的二十大报告中,习近平总书记重申"五个必由之路"。之所以说是"重申",因为"五个必由之路"是习近平总书记2022年3月5日参加十三届全国人大五次会议内蒙古代表团审议、回顾新时代党和人民的奋进历程时首次集中概括的。"五个必由之路",就是坚持党的全面领导是坚持和发展中国特色社会主义的必由之路,中国特色社会主义是实现中华民族伟大复兴的必由之路,团结奋斗是中国人民创造历史伟业的必由之路,贯彻新发展理念

---

① 习近平:《在党史学习教育动员大会上的讲话》,北京:人民出版社,2021,第17页。

是新时代我国发展壮大的必由之路,全面从严治党是党永葆生机活力、走好新的赶考之路的必由之路。之所以说是"强调",这是因为习近平总书记在党的二十大报告中提出"五个必由之路"是"我们在长期实践中得出的至关紧要的规律性认识",是"全党必须牢记"的、"必须倍加珍惜、始终坚持"的宝贵财富。①

"五个必由之路",是习近平新时代中国特色社会主义思想的重要内容和丰富发展,是植根新时代伟大变革、基于新时代伟大成就的经验总结和规律性认识,是中国共产党百余年历史经验的新丰富、新凝练、新升华。

党的十八大以来,中国特色社会主义进入新时代。十年磨一剑。我们坚持马克思列宁主义、毛泽东思想、邓小平理论、"三个代表"重要思想、科学发展观,全面贯彻习近平新时代中国特色社会主义思想,全面贯彻党的基本路线、基本方略,采取一系列战略性举措,推进一系列变革性实践,实现一系列突破性进展,取得一系列标志性成果,经受住了来自政治、经济、意识形态、自然界等方面的风险挑战考验,党和国家事业取得历史性成就、发生历史性变革,推动我国迈上全面建设社会主义现代化国家新征程。

具体来说,新时代十年取得的历史性成就、发生的历史性变革概括为以下十六个方面:第一,创立了习近平新时代中国特色社会

---

① 参见习近平:《高举中国特色社会主义伟大旗帜 为全面建设社会主义现代化国家而团结奋斗——在中国共产党第二十次全国代表大会上的报告》,北京:人民出版社,2022,第70页。

主义思想,实现了马克思主义中国化时代化新的飞跃,为新时代党和国家事业发展提供了根本遵循;第二,全面加强党的领导,确保党中央权威和集中统一领导,确保党发挥总揽全局、协调各方的领导核心作用,全党更加团结统一;第三,对新时代党和国家事业发展作出科学完整的战略部署,切实推进各项工作,不断丰富和发展人类文明新形态;第四,经过接续奋斗,实现了小康这个中华民族的千年梦想,我国发展站在了更高历史起点上;第五,提出并贯彻新发展理念,着力推进高质量发展,推动构建新发展格局,实施供给侧结构性改革,制定一系列具有全局性意义的区域重大战略,我国经济实力实现历史性跃升;第六,以巨大的政治勇气全面深化改革,打响改革攻坚战,加强改革顶层设计,中国特色社会主义制度更加成熟更加定型,国家治理体系和治理能力现代化水平明显提高;第七,实行更加积极主动的开放战略,形成更大范围、更宽领域、更深层次的对外开放格局;第八,坚持走中国特色社会主义政治发展道路,全面发展全过程人民民主,社会主义法治国家建设深入推进,法治中国建设开创新局面;第九,确立和坚持马克思主义在意识形态领域指导地位的根本制度,新时代党的创新理论深入人心,社会主义核心价值观广泛传播,全党全国各族人民文化自信明显增强、精神面貌更加奋发昂扬;第十,深入贯彻以人民为中心的发展思想,人民群众获得感、幸福感、安全感更加充实、更有保障、更可持续,共同富裕取得新成效;第十一,坚持绿水青山就是金山银山的理念,坚持山水林田湖草沙一体化保护和系统治理,生态环境保护发生历史性、转折性、全局性变化,祖国的天更蓝、山更绿、水更清;第十二,贯彻总体国家安全观,国家安全领导体制和法治体系、战略体系、政策体系不断完善,平安中国建设迈向更高水平;第十三,确立党在新时代的强军目标,贯彻新时代党的强军思想,贯彻新时代军事战略方针,坚持党对人民军队的绝对领导,中国特色强军之路越走越宽广;第十四,全面准确推进"一国两制"实践,坚持"一国两制""港人治港""澳人治澳"、高度自治的方针,坚决反对外部势力干涉,牢牢把握两岸关系主导权和主动权;第十五,全面推进中国特色大国外交,推动构建人类命运共同体,坚定维护国际公平正义,倡导践行真正的多边主义,我国国际影响力、感召力、塑造力显著提升;第十六,深入推进全面从严治党,坚持打铁必须自身硬,从制定和落实中央八项规定开局破题,提出和落实新时代党的建设总要求,管党治党宽松软状况得到根本扭转,风清气正的党内政治生态不断形成和发展,确保党永远不变质、不变色、不变味。党的二十大报告提出的这"十六个方面历史性成就、历史性变革"与党的十九大、党的十九届六中全会提出的"十个明确""十四个坚持""十三个方面成就"等,一道概括了习近平新时代中国特色社会主义思想的主要内容,必须长期坚持并不断丰富发展。

  新时代十年的伟大成就,是党和人民一道拼出来、干出来、奋斗出来的,来之不易,极不寻常、极不平凡。新时代十年的伟大变革,在党史、新中国史、改革开放史、社会主义发展史、中华民族发展史上具有里程碑意义,惊天动地,世所罕见、史所罕见。正是在这个意义上说,"五个必由之路"就是来自新时代十年的伟大成就和伟大变革。"五个必由之路"分别从领导主体、道路方向、依靠力量、发展理念、政治保障等方面系统回答了新时代"举什么旗""走什么路""跟谁走""往哪儿走""要怎么走"等根本性问题。"五个必由之路"虽然在表述上各有侧重,但它们不是孤立存在的,而是有机贯通的,其中坚持党的全面领导是根本前提,坚持中国特色社会主义是道路指引同时又是实现中华民族伟大复兴的必然要求,坚持团结奋斗是力量之源,坚持新发展理念是强盛法宝,坚持全面从严治党是命运保证。"五个必由之路",把坚持党的全面领导放在首位,以全面从严治党首尾呼应,正是从政党担当使命的自觉到政党淬炼自身的自觉,明确了开启新征程、建功新时代的根本保障和关键密钥。"五个必由之路",是新时代中国共产党团结带领中国人民成功走出的"中国之治"道路,是我们在长期实践中得出的至关紧要的规律性认识,弥足珍贵,因此必须始终坚持,并用以指导新的实践、推进新的工作、谋求新的发展。

二、"五个重大原则":因应新形势、实现新任务提出的新时代新征程的根本性遵循

善于分析形势和任务,长于制定路径和遵循,同样是我们党百余年奋斗历程形成的优良传统。新时代新征程,我们面临着不同于以往的新形势、新任务,这就要确立必须坚持的重大原则和根本遵循。习近平总书记在党的二十大报告中提出了前进道路上必须牢牢把握的五个重大原则,即坚持和加强党的全面领导、坚持中国特色社会主义道路、坚持以人民为中心的发展思想、坚持深化改革开放、坚持发扬斗争精神。

党的十八大以来,世界百年未有之大变局加速演进,世界之变、时代之变、历史之变正以前所未有的方式展开,世界进入新的动荡变革期,这直接考验着我们的斗争勇气、战略能力、应对水平。2017年底,习近平总书记提出"放眼世界,我们面对的是百年未有之大变局"的重大判断。整体来说,当前,新一轮科技革命和产业变革深入发展,国际力量对比深刻调整,同时,全球性问题加剧,逆全球化思潮抬头,冷战思维、霸权主义、单边主义、保护主义明显上升,世纪疫情反复延宕、影响至深且巨,世界经济复苏乏力,局部冲突此起彼伏,地缘政治紧张与经济格局演变叠加。对于中国来说,来自外部的打压遏制随时可能升级。世界又一次站到十字路口。以斗争求安全则安全存,以妥协求安全则安全亡;以斗争谋发展则发展兴,以妥协谋发展则发展衰。这是唯物辩证法的基本观点。战胜一切可以预见和难以预见的风险挑战,最基础的是主动识变、应变求变,最根本的是把我们自己的事情做好。

党的十八大以来,党和国家事业取得历史性成就、发生历史性变革,推动我国迈上全面建设社会主义现代化国家新征程。同时,我国经济社会发展各领域都还存在一些深层次矛盾和问题,由经济下行压力引发的各种经济问题、民生问题、稳定问题日益凸显,面临关键核心技术受制于人、产业链供应链安全、粮食和能源安全、防范金融风险等战略性问题,各种敌对势力加紧进行渗透、破坏、颠覆、分裂活动,企图在思想上、政治上动摇中国共产党执政的社会基础和群众基础,各种不确定难预料因素增多,"黑天鹅""灰犀牛"事件随时可能发生。因此,我们决不能有丝毫松懈和麻痹,必须保持"时时放心不下"的责任担当和精神状态。

党的十八大以来，我们坚定不移全面从严治党，解决了党内许多突出问题。但是，党面临的执政考验、改革开放考验、市场经济考验、外部环境考验将长期存在，精神懈怠危险、能力不足危险、脱离群众危险、消极腐败危险将长期存在。同时，腐败和反腐败较量还在激烈进行，并呈现出四个新的阶段性特征，即防范形形色色的利益集团成伙作势、"围猎"腐蚀还任重道远，有效应对腐败手段隐形变异、翻新升级还任重道远，彻底铲除腐败滋生土壤、实现海晏河清还任重道远，清理系统性腐败、化解风险隐患还任重道远。习近平总书记在党的二十大报告中指出，我们"必须时刻保持解决大党独有难题的清醒和坚定"，强调"全面从严治党永远在路上，党的自我革命永远在路上，决不能有松劲歇脚、疲劳厌战的情绪，必须持之以恒推进全面从严治党，深入推进新时代党的建设新的伟大工程，以党的自我革命引领社会革命"①。

形势决定主题和任务。问题是时代的声音。中国共产党始终具有自觉的问题意识和鲜明的问题导向，特别是具有高超的主题思维能力和卓越的主题求解智慧。在中国共产党百年的视野中，习近平总书记指出："中国共产党团结带领中国人民进行的一切奋斗、一切牺牲、一切创造，归结起来就是一个主题：实现中华民

---

① 《习近平著作选读》第一卷，北京：人民出版社，2023，第52页。

族伟大复兴。"①基于中国共产党在全国范围全面执政七十多年的视野,习近平总书记指出:"从第一个五年计划到第十四个五年规划,一以贯之的主题是把我国建设成为社会主义现代化国家。"②在改革开放四十多年特别是新时代十年的视野中,习近平总书记指出:"中国特色社会主义是改革开放以来党的全部理论和实践的主题,全党必须高举中国特色社会主义伟大旗帜,牢固树立中国特色社会主义道路自信、理论自信、制度自信、文化自信,确保党和国家事业始终沿着正确方向胜利前进。"③这三个主题,维度不同、各有侧重,在时间上有交叉、在内容上有重叠,但同向同行、形成合奏。

形势和主题决定党在百年历史进程中面临的不同任务特别是中心任务。习近平总书记在党的二十大报告中指出:"从现在起,中国共产党的中心任务就是团结带领全国各族人民全面建成社会主义现代化强国、实现第二个百年奋斗目标,以中国式现代化全面推进中华民族伟大复兴。"④这是新时代新征程中国共产党的使命任务。因此,中国特色社会主义新时代可以称之为强国复兴时代。

因应新形势、实现新任务,习近平总书记在党的二十大报告中

---

① 《习近平谈治国理政》第四卷,北京:人民出版社,2022,第4页。
② 《习近平谈治国理政》第四卷,北京:人民出版社,2022,第153页。
③ 《习近平谈治国理政》第二卷,北京:外文出版社,2017,第59页。
④ 《习近平著作选读》第一卷,北京:人民出版社,2023,第18页。

提出的"五个重大原则",涵盖全面建设社会主义现代化国家的领导力量和根本保证、旗帜方向和道路选择、根本立场和价值取向、关键抉择和动力源泉、独有品格和精神风貌,它们构成了一个有机整体,蕴含着新时代中国从胜利走向更大胜利的理论逻辑,是走好实现第二个百年奋斗目标新征程的根本路径。"五个重大原则",同样是对党和人民百余年奋斗历史经验的继承发展,是对党的十八大以来伟大实践新鲜经验的科学总结,充分体现了我们党坚定的历史自信和强烈的历史担当。"五个重大原则",是新征程全面建设社会主义现代化国家、全面推进中华民族伟大复兴的基本遵循,必须全面坚持和深入贯彻,咬定青山不放松,引领和保障中国特色社会主义巍巍巨轮乘风破浪、行稳致远。

三、"五个必由之路"和"五个重大原则":彰显了"过去为什么能够成功、未来怎样才能继续成功"的唯物史观和唯物辩证法

中国共产党人的事业是前无古人的事业,这源于中国共产党的性质宗旨。中国共产党是中国工人阶级的先锋队,同时是中国人民和中华民族的先锋队。中国共产党为中国人民谋幸福、为中华民族谋复兴,同时也为人类谋进步、为世界谋大同。中国共产党立志于中华民族千秋伟业,致力于人类和平与发展的崇高事业。马克思主义是我们党立党立国、兴党兴国的根本指导思想。马克思主义为人类求解放的历史使命与中国共产党人的初心使命是高度契合和完全一致的。百年使命、千秋伟业,中国共产党人的历史观是大历史观。习近平总书记曾指出:"我们对于时间的理解,

不是以十年、百年为计,而是以百年、千年为计。"①从全面建成小康社会到基本实现现代化,再到全面建成社会主义现代化强国,是新时代中国特色社会主义发展的战略安排,是中华民族实现伟大复兴的历史大势,是我们党带领人民奋斗的时空坐标。从历史看向未来,从历史走向未来,我们既要有"知所从来"的定力,也要有"识其所在"的清醒,更要有"明其将往"的自信。新时代,我们党团结带领人民,攻克了许多长期没有解决的难题、办成了许多事关长远的大事要事,取得历史性成就、发生历史性变革。全面建设社会主义现代化国家,全面推进中华民族伟大复兴,是一项伟大而艰巨的事业。如果说"五个必由之路"是"过去为什么能够成功"的答案,那么"五个必由之路""五个重大原则"都是"未来怎样才能继续成功"的遵循。所谓"必由之路",就是指事物发展的必然性联系和客观性要求,是舍此别无他途的唯一正确道路,也是事物发展规律的体现。"五个必由之路"的重大论断,凝结着对党和国家事业发展重大问题的深邃思考、科学回答,丰富了历史的智慧。所谓"重大原则",就是指认识世界、改造世界所依据的极其重要的法则或准则。"五个重大原则"的重大论断,凝结着对新征程党和国家事业发展重大问题的深邃思考、科学回答,彰显战略远见,指明了前进的方向。

坚持和加强党的全面领导。中国共产党的领导是历史的选择、

---

① 《总书记心中的"国之大者"》,《人民日报》2021年11月9日第1版。

人民的选择。历史已经证明并将继续证明，党的领导是党和国家的根本所在、命脉所在，是全国各族人民的利益所系、命运所系。党的领导是党和国家事业不断发展的"定海神针"。没有中国共产党，就没有新中国，就没有中国特色社会主义，就没有中华民族伟大复兴。坚持和加强党的全面领导，就是要坚决维护党中央权威和集中统一领导，使党始终成为风雨来袭时全体人民最可靠的主心骨，确保党始终成为中国特色社会主义事业的坚强领导核心。

坚持和发展中国特色社会主义。社会主义是历史的选择、人民的选择。历史已经证明并将继续证明，社会主义没有辜负中国，中国没有辜负社会主义。走自己的道路、建设中国特色社会主义，是科学的时代命题，也是伟大的时代号召。中国特色社会主义是社会主义，而不是别的什么主义。党的十八大以来，中国特色社会主义进入新时代。这个新时代，是中国特色社会主义的新时代，而不是别的什么新时代。新时代十年，我们已经胜利实现了第一个百年奋斗目标，并意气风发踏上第二个百年奋斗目标新征程。坚定不移走中国特色社会主义道路，不断谱写中国特色社会主义新篇章，我们就一定能够把我国建设成为富强民主文明和谐美丽的社会主义现代化强国，实现中华民族伟大复兴。

坚持全面推进和实现中华民族伟大复兴。中国有百万年的人类史、一万年的文化史、五千多年的文明史，为人类社会发展、人类文明进步作出了不可磨灭的贡献。但是，鸦片战争以来中国在时代大潮面前落伍了。实现中华民族伟大复兴是近代以来中国人民最伟大的梦想。中华民族伟大复兴，其基本内涵是国家富强、民族振兴、人民幸福。实现中华民族伟大复兴,具有鲜明的时空坐标:在宽广的世界视野中,就是使中华民族重现曾经拥有的辉煌、屹立于世界民族之林、引领时代浩荡潮流;在悠远的历史视野中,就是使中华民族重新形塑自己的面貌,在21世纪凤凰涅槃、浴火重生。新时代,中国共产党和中国人民信心百倍推进中华民族迎来从站起来、富起来到强起来的伟大飞跃,凝聚起不可阻挡的磅礴力量,实现中华民族伟大复兴进入不可逆转的历史进程、展现出前所未有的光明前景。

坚持以人民为中心的发展思想。"人民"是中国共产党人心中分量最重的词汇。习近平总书记在党的二十大报告中指出:"江山就是人民,人民就是江山。中国共产党领导人民打江山、守江山,守的是人民的心。"① 这是中国共产党人民观、执政观的最新概括和集中表达,体现了我们党把人民放在心中最高位置的党性原则。我们必须始终站稳人民立场、把握人民愿望、尊重人民创造、集中人民智慧,维护人民根本利益,增进民生福祉,不断实现发展为了人民、发展依靠人民、发展成果由人民共享,让现代化建设成果更多更公平惠及全体人民,更具均衡性和可及性。

坚持和贯彻新发展理念。发展是解决我国一切问题的基础和关键。理念是行动的先导。创新、协调、绿色、开放、共享的新发展理念,符合我国国情,顺应时代要求。新发展理念是一个系统的理论体系,回答了关于发展的目的、动力、方式、路径等一系列理论和

---

① 《习近平著作选读》第一卷,北京:人民出版社,2023,第38页。

实践问题，阐明了我们党关于发展的政治立场、价值导向、发展模式、发展道路等重大政治问题。坚持和贯彻新发展理念，关键在行动，就是要真正做到崇尚创新、注重协调、倡导绿色、厚植开放、推进共享，使之协同发力、形成合力。贯彻新发展理念，是关系我国发展全局的一场深刻变革，明确了我国现代化建设的指导原则，为正确把握新发展阶段、加快构建新发展格局、着力推进高质量发展提供了行动指南。

坚持深化改革开放。改革开放是决定当代中国命运的关键一招。深化改革开放，就是要深入推进改革创新，坚定不移扩大对外开放，着力破解深层次体制机制障碍，不断彰显中国特色社会主义制度优势，不断增强社会主义现代化建设的动力和活力，把我国制度优势更好转化为国家治理效能，在"世界之变、时代之变、历史之变"中提供和呈现与"西方之乱"形成鲜明对照的"中国之制""中国之治"的"中国之志""中国之智"。

坚持发扬斗争精神。中国共产党依靠斗争走到今天，也必然要依靠斗争赢得未来。我们党的历史就是一部波澜壮阔的斗争史。坚持发扬斗争精神，敢于斗争、善于斗争，既是对世界百年未有之大变局的深刻洞察，也是对中华民族伟大复兴战略全局的深刻认识。斗争是一门科学，同时也是一门艺术。坚持发扬斗争精神，就是既要敢于斗争，坚定斗争信心，有志气、有骨气、有底气，不信邪、不怕鬼、不怕压，知难而进、迎难而上，又要善于斗争，谋划斗争策略，统筹发展和安全，全力战胜前进道路上各种困难和挑战。在新征程上，我们要一如既往英勇顽强斗争，打开党和国家事业发展的新天地。

坚持全面从严治党。中国共产党是一个百年大党,拥有近亿名党员。大,既有大的样子,汇聚了浩浩荡荡的队伍;大,也有大的难处,统一思想、统一意志、统一行动绝非一件易事。新征程,是充满光荣与梦想的远征。习近平总书记在党的二十大报告中提出两个重大论断:其一,全面建设社会主义现代化国家、全面推进中华民族伟大复兴,关键在党;其二,我们党作为世界上最大的马克思主义执政党,要始终赢得人民拥护、巩固长期执政地位,必须时刻保持解决大党独有难题的清醒和坚定。① 习近平总书记在中国共产党第二十届中央纪律检查委员会第二次全体会议上发表的重要讲话中进一步明确强调,如何始终不忘初心、牢记使命,如何始终统一思想、统一意志、统一行动,如何始终具备强大的执政能力和领导水平,如何始终保持干事创业精神状态,如何始终能够及时发现和解决自身存在的问题,如何始终保持风清气正的政治生态,都是我们这个大党必须解决的独有难题。解决这些难题,是实现新时代新征程党的使命任务必须迈过的一道坎,是全面从严治党适应新形势新要求必须啃下的硬骨头。② 解决这些难题,旨在做到"三个确保",即确保党永远不变质、不变色、不变味;确保党始终成为中

---

① 参见习近平:《高举中国特色社会主义伟大旗帜 为全面建设社会主义现代化国家而团结奋斗——在中国共产党第二十次全国代表大会上的报告》,北京:人民出版社,2022,第63页。

② 参见《一刻不停推进全面从严治党 保障党的二十大决策部署贯彻落实》,《人民日报》2023年1月10日第1版。

国特色社会主义事业的坚强领导核心；确保在以习近平同志为核心的党中央坚强领导下，在习近平新时代中国特色社会主义思想的科学指引下，在中国特色社会主义旗帜的伟大号召下，全党全军全国各族人民团结成为"一块坚硬的钢铁"，步调一致向前进，在新的"赶考"之路上交出永载史册的优异答卷，使我们的红色江山世世代代传下去。

新时代新征程，始终走好"五个必由之路"，始终坚持"五个重大原则"，是中国共产党进一步深化认识和把握共产党执政规律、社会主义建设规律、人类社会发展规律的历史自觉、历史主动与历史自信，充分彰显了党和国家事业"过去为什么能够成功、未来怎样才能继续成功"的马克思主义的唯物史观和唯物辩证法，旨在在新时代中国特色社会主义的伟大社会革命中书写出更加精彩的恢宏篇章。

"金山银山与绿水青山"关系的逻辑理路

　　生态文明是人类社会进步的重大成果,是实现人与自然和谐共生的必然要求。党的十八大以来,生态文明建设思想不断丰富完善。新时代生态文明建设的基本内容与核心要义,就是以资源环境承载能力为基础,以自然规律为准则,以可持续发展、人与自然和谐共生为目标,坚定走生产发展、生活富裕、生态良好的文明发展道路,建设美丽中国。党的十九大报告强调"建设生态文明是中华民族永续发展的千年大计",并首次提出"必须树立绿水青山就是金山银山的理念"。在"五位一体"总体布局中,生态文明建设是其中一位;在新时代坚持和发展中国特色社会主义的十四条基本方略中,坚持人与自然和谐共生是其中一条基本方略;在五大新发展理念中,绿色是其中一大理念;在三大攻坚战中,污染防治是一大攻坚战。这些论断充分体现了党和国家对生态文明建设规律的深刻认知与准确把握,充分体现了生态文明建设在新时代党和国家事业发展中的特殊地位与战略定位。其中,"绿水青山就是金山银山的理念",是生态文明建设的生动诠释和基本遵循。爬梳"金山银山"与"绿水青山"关系的演化理路和内在逻辑,旨在提升保障中国生态安全、世界生态安全的自觉自信，建设富强民主文明和谐美丽的社会主义现代化强国，建设持久和平、普遍安全、共同繁荣、开放包容、清洁美丽的世界。

一、对生态问题的求解是人类的恒定使命

所谓生态，一般是指自然生态，即生物之间以及生物与环境之间的相互关系和存在状态。宇宙和地球是一个极其复杂的生态系统，人类用之而不觉，失之则不存。因此，我们必须清楚认识"绿水青山"之于人类的无可替代且不能复制的重要地位。明确这一点，是我们梳理"金山银山"与"绿水青山"逻辑关系的重要前提。

2013年9月7日，习近平总书记在哈萨克斯坦纳扎尔巴耶夫大学发表演讲谈到环境保护时指出："我们既要绿水青山，也要金山银山。宁要绿水青山，不要金山银山，而且绿水青山就是金山银山。"2016年3月7日，习近平总书记在参加第十二届全国人大四次会议黑龙江代表团审议时又指出："绿水青山是金山银山，黑龙江的冰天雪地也是金山银山。"这是习近平总书记关于"绿水青山与金山银山"理论的完整表述过程。对于"绿水青山"，我们可以宽泛地理解为美丽富饶的自然资源，其同人类一样源于整体自然界之中。在马克思主义的视域中，人与自然的关系是人类社会最基本的关系。正确认知和处理人与自然的关系，是人类永恒的命题。人类归根到底是自然的一部分。习近平总书记指出："人类发展活动必须尊重自然、顺应自然、保护自然，否则就会遭到大自然的报复。这个规律谁也无法抗拒。人因自然而生，人与自然是一种共生

关系,对自然的伤害最终会伤及人类自身。只有尊重自然规律,才能有效防止在开发利用自然上走弯路。"①一百多年前,恩格斯在《自然辩证法》中也曾指出,人"通过他所作出的改变来使自然界为自己的目的服务,来支配自然界"②。同时,恩格斯又告诫人们:"不要过分陶醉于我们人类对自然界的胜利。对于每一次这样的胜利,自然界都对我们进行报复。每一次胜利,起初确实取得了我们预期的结果,但是往后和再往后却发生完全不同的、出乎预料的影响,常常把最初的结果又消除了。"③恩格斯列举了美索不达米亚、希腊、小亚细亚以及其他各地的居民为了得到耕地而毁灭森林的做法,阿尔卑斯山的意大利人在山南坡把枞树林砍光用尽的做法,欧洲人传播栽种马铃薯的做法等,分析了其利弊,并总结道:"我们每走一步都要记住:我们统治自然界,决不像征服者统治异族人那样,绝不是像站在自然界之外的人似的——相反地,我们连同我们的肉、血和头脑都是属于自然界和存在于自然之中的;我们对自然界的整个支配作用,就在于我们比其他一切生物强,能够认识和正确运用自然规律。"④这些论断充分体现了自然生态之于人类的先在性与重要性,具有跨越时空的真理力量。恩格斯所列举的现象在我国也曾经发生。

---

① 《习近平谈治国理政》第二卷,北京:外文出版社,2017,第394页。
② 恩格斯:《自然辩证法》,北京:人民出版社,2015,第313页。
③ 《马克思恩格斯选集》第3卷,北京:人民出版社,2012,第998页。
④ 《马克思恩格斯选集》第3卷,北京:人民出版社,2012,第998页。

面临日益严峻的生态问题,人类的环保意识也逐渐被唤醒,对解决生态问题路径的探索也开始逐渐升温。在全球范围特别是西方发达国家,二战后特别是20世纪六七十年代,生态思潮开始出现,环保运动开始兴起。省思环境问题的,既有科学家也有思想家,还有民间环保人士,诸如美国海洋生物学家蕾切尔·卡逊于1962年出版《寂静的春天》,历史学家林恩·怀特于1967年出版《我们生态危机的历史根源》,生态学家加内特·哈丁于1968年出版《公地的悲剧》,人口生物学家保罗·埃利希于1968年出版《人口爆炸》,罗马俱乐部于1972年发表《增长的极限》研究报告,挪威哲学家阿伦·奈斯于1973年出版《浅层的和深层的以及长远的生态运动:一个概要》,等等。同时,1969年"地球之友"成立,1971年绿色和平组织等民间环保组织成立,1970年4月22日,美国爆发了声势浩大的环保游行示威活动,后来这一天被定为世界地球日。值得关注的是,伦理学和道德哲学最先从学理层面对人类环境危机进行阐释,并逐渐形成了环境伦理学这一新的学科分支。到20世纪70年代末,影响比较大的西方生态思潮主要包括:动物权力论和生命关怀论等在内的道德主体扩大的权力论;生态中心的价值观,包括社会生态学、生态社会主义、生态女性主义等在内的社会权力论。前两种思潮都反对人类中心主义的价值观,而社会权力论则试图从社会现象的理性透视中寻找环境危机的生发之源,并希望在社会权力的重新分配中寻找生态危机的解决之道。由此,人类从各个视角一直没有停止对解决生态问题途径的关注与探索。

自然界是人类社会产生、存在与发展的基础和前提,人类可以通过社会实践活动有目的地认识自然、改造自然,但是,人类不能盲目地凌驾于自然之上,对自然界只讲索取不讲投入、只讲利用不讲建设。人类必须尊重自然、顺应自然、保护自然,人类的行为方式必须符合自然规律。这就要求人类对自然的开发利用,既要合目的性,更要合规律性。从最本质的意义上讲,保护自然环境就是保护人类自己,建设生态文明就是造福人类自己。因此,习近平总书记提出我们要"像保护眼睛一样保护生态环境,像对待生命一样对待生态环境"①,这既体现了"绿水青山"的重要性所在,更内含了实现"金山银山"的重要意蕴。

二、"金山银山"与"绿水青山"关系的递嬗

肯定"绿水青山"之于人类的重要意义,是深度理解"金山银山"与"绿水青山"逻辑关系的重要前提。生存与发展是人类社会得以长久延续的两大重要任务,生存是前提,发展是为了实现更好的生存。"金山银山"与"绿水青山"的关系,就是如何正确处理经济社会发展与生态环境保护的关系,这是实现可持续发展的内在要求。生态兴则文明兴,生态衰则文明衰。习近平总书记关于"绿水青山与金山银山"理论的完整表述体现了"金山银山"与"绿水

---

① 《习近平关于社会主义生态文明建设论述摘编》,北京:中央文献出版社,2017,第34页。

青山"逻辑关系的演进过程。

"既要绿水青山,也要金山银山。"人类的生态环境问题涉及自然史与人类史的关系状态,并须溯及工业文明时代之前的关系状态。马克思、恩格斯指出:"历史可以从两方面来考察,可以把它划分为自然史和人类史。但这两方面是密切相联的;只要有人存在,自然史和人类史就彼此相互制约。"①在《家庭、私有制和国家的起源》中,恩格斯同意摩尔根的观点,把人类社会史前史称为蒙昧时代和野蛮时代,这之后则称为文明时代。恩格斯指出:"文明时代是学会对天然产物进一步加工的时期,是真正的工业和艺术的时期。"②辩证地看,在农业文明时代来临以前的蒙昧时代和野蛮时代,人类基本上过着茹毛饮血的生活,以动物的生存方式适应自然,除了自己的脚印之外,没有在自然界留下多少痕迹,这时,人与自然之间没有严格的界限。

在与自然界的长期斗争中,人类逐渐把自己同动物和自然界分离开来,并不断地在自然界留下自己的印记,即生态足迹,从而"明于天人之分"。人类对自然的胜利,不断地使"自在的自然"变成"人化自然",并在所处的环境中实现自己,从而既印证人的本质力量,同时又赋予这种力量以历史的性质。农业文明是人与自然之间关系的张力的一种表现方式。在农业文明时代,虽然人类从总

---

① 《马克思恩格斯全集》第3卷,北京:人民出版社,1960,第20页。
② 《马克思恩格斯选集》第4卷,北京:人民出版社,2012,第35页。

体上采取了顺应自然的态度,如古代中国人民就天然地信奉"天人合一"的观念。但人类也开始开垦和浇灌土地,铁犁深耕其中,一定程度上、在局部地区也形成了生态破坏,甚至由于生态破坏和失衡而导致文明的崩溃和湮灭,两河文明、玛雅文明的境遇就是典型的例证。恩格斯曾指出:"一切文化民族都在这个时期经历了自己的英雄时代:铁剑时代,但同时也是铁犁和铁斧的时代。铁已在为人类服务。"① 他还指出:"从铁矿石的冶炼开始,并由于拼音文字的发明及其应用于文献记录而过渡到文明时代。"② 由此可知,在工业文明时代之前,由于人类面临的主要问题是发展的不足,人类的理念和使命则是"既要绿水青山,也要金山银山"。

"宁要绿水青山,不要金山银山。"在工业文明时代,人类的生态足迹逐渐变得繁复、强劲。自然变成能够拆解和组合的可以控制的自然,可以在实验室里创设的人造的自然。资本的逻辑,就是把所有的天然的自然改变为可用于商业的自然。马克思指出:"自然力的征服,机器的采用,化学在工业和农业中的应用,轮船的行驶,铁路的通行,电报的使用,整个大陆的开垦,河川的通航,仿佛用法术从地下呼唤出来的大量人口——过去哪一个世纪料想到在社会劳动里蕴藏有这样的生产力呢?"③ 但是,被征服的自然也会报复人类,这也是人与自然关系的另一种辩证法。资本主义生产方式在

---

① 《马克思恩格斯选集》第4卷,北京:人民出版社,2012,第179页。
② 《马克思恩格斯选集》第4卷,北京:人民出版社,2012,第34页。
③ 《马克思恩格斯选集》第1卷,北京:人民出版社,2012,第405页。

迅速提高劳动生产率的同时，也使人与自然之间出现物质变换关系的断裂，甚至人与人、人与自我之间关系的断裂。这些断裂的结果就是经济危机、生态危机甚至文明危机。

在工业文明时代，人类面临的主要问题不再是发展不足，而是争先恐后地开发现在的自然、肆无忌惮地预支未来的自然，自然的平衡因严重赤字而被人为打破。无可辩驳的事实是，能源紧张、资源短缺、生态退化、环境恶化、气候变化、灾害频发、灾难频现，清新空气、清洁水源、舒适环境越来越成为稀缺的产品。因此，人类的理念和使命就转变为"宁要绿水青山，不要金山银山"。然而，西方发达国家提出的却是相互掣肘、相互矛盾的应对之策：一方面，投入大量人力、物力和财力，用"金山银山"来反哺"绿水青山"，试图挽救异常脆弱的生态系统；另一方面，利用经济全球化进程中的某些不平衡和不充分，把高污染、高能耗的工业转移、转嫁到其他国家和地区，通过破坏其他国家和地区的"绿水青山"来维持自己的"金山银山"。短期而言，这对他们维系自己的发展是有效的；但从长期来看，对于共同拥有一个地球的人们追求可持续发展的效用却是有限的，并不能解决全球的生态危机。

"绿水青山就是金山银山。"工业文明的发展前景，必然是进入生态文明时代。"绿水青山就是金山银山"理念和论断是工业文明之后的一种新的生态文明观。这种生态文明观认为，生态文明是工业文明发展到一定阶段的产物，是人类社会发展的必然，是不以人类意志为转移的客观存在。生态文明观进入实践层面，就是把生态产业作为社会的支柱产业、核心产业。但它并不拒斥农业、工业和第三产业的存在形态,而是以人为本,以人与自然的和谐发展为中心,以"自然—社会—经济"这一复杂巨系统的动态平衡为目标,以生态系统中物质循环、能量转化与生物生长的规律为依据,发展"生态+"产业,形成"生态农业—生态工业—生态信息业—生态服务业—……"的新型产业结构和国民经济体系。经过改革开放40余年的伟大实践,在经济社会发展取得巨大成就之后,当代中国的发展依然不平衡不充分,实现动能转换,转变经济增长方式,发展新能源、新工业,提升发展质量,加快构建绿色生产体系,推进生态文明建设的绿色革命,是新时代发展的必然要求。这不仅是生态文明建设的新思路和新方向,也是国家经济健康持续长久发展、全面建成社会主义现代化强国、实现中华民族伟大复兴的新机遇和新动力。

关于"绿水青山与金山银山"理论的完整论断充满了思辨的哲理,既表达了新时代中国推进生态文明建设的鲜明态度和坚定决心,也蕴含着对"绿水青山"与"金山银山"关系逻辑理路的深邃思考。"既要绿水青山,也要金山银山",其重心在金山银山、在发展;"宁要绿水青山,不要金山银山",其重心在绿水青山、在保护;"绿水青山就是金山银山",其重心在和谐、在共生,其核心是绿色发展、循环发展和低碳发展。对"绿水青山"与"金山银山"关系的辩证的、系统的、战略的思考,进一步深化了党对社会主义建设规律的认识,为推进社会主义现代化、建设美丽中国,为实现中华民族永续发展、为新时代中国特色社会主义生态文明建设提供了正确的方向和有力的保障。

三、新时代建设美丽中国的现代化旨归

"绿水青山就是金山银山"的理念,为当代中国建设生态文明、建设美丽中国提供了根本遵循。党的十九大报告更是将"美丽中国"作为全面建成社会主义现代化强国的奋斗目标之一,并对"加快生态文明体制改革,建设美丽中国"规划了清晰的路线图、时间表和任务书,从而为建设天蓝地绿水清的美丽中国指明了正确的方向。

坚持现代化的绿色属性。这是新时代中国发展的底色和本色。中华人民共和国成立、特别是改革开放以来,随着人口的急剧增多、工业化和城市化的快速推进,发达国家在现代化进程中遇到的问题在我国也开始不同程度地呈现出来,在有些地方,已成为制约经济社会健康、可持续发展的障碍甚至瓶颈。生态问题不仅是经济问题,也是社会问题、政治问题,其解决过程是不断深化社会主义发展内涵、提升社会主义发展品质的过程。"绿化祖国,改善生态,人人有责。"[①]习近平总书记明确了社会主义现代化建设的"绿色属性",即"我们要建设的现代化是人与自然和谐共生的现代化,既要创造更多物质财富和精神财富以满足人民日益增长的美好生活需要,也要提供更多优质生态产品以满足人民日益增长的优美

[①]《习近平关于社会主义生态文明建设论述摘编》,北京:中央文献出版社,2017,第119页。

生态环境需要。"①这一论断的首要内涵就是不能进行"异化的生产和消费",不能以破坏生态环境为代价换取不可持续的物质财富增长。"绿水青山就是金山银山"的理念突出强调通过构建现代化的绿色产业体系来实现国民经济的绿色化。从这个意义上说,生态文明建设不仅是一种绿色发展理念,更是一场涉及生产方式、生活方式、思维方式和价值观念的绿色革命性变革。

坚持生态文明建设的核心是实现人与自然的和谐相处、和谐共生。马克思、恩格斯认为,人与人的关系同人与自然的关系、人与人的和谐同人与自然的和谐具有高度统一性。作为自然界的有机组成部分,人的解放,只有在保障自然界完整和繁荣的基础上、在最大限度地减少自然灾害对人类影响的基础上,才能真正实现。习近平总书记指出:"人与自然是生命共同体,人类必须尊重自然、顺应自然、保护自然。人类只有遵循自然规律才能有效防止在开发利用自然上走弯路,人类对大自然的伤害最终会伤及人类自身,这是无法抗拒的规律。"②这就要求我们必须始终牢记:破坏自然就是损害人类自己,保护自然就是保护人类自己,要把人类活动控制在自然能够承载的范围和限度内,实现人与自然和谐共处、和谐共生、和谐发展。

思想高度决定认识深度。习近平总书记指出,自然是生命之

---

① 《习近平著作选读》第二卷,北京:人民出版社,2023,第41页。
② 《习近平著作选读》第二卷,北京:人民出版社,2023,第41页。

母,人与自然是生命共同体,人类必须敬畏自然、尊重自然、顺应自然、保护自然。我们要坚持人与自然和谐共生,牢固树立和切实践行"绿水青山就是金山银山"的理念,坚持节约资源和保护环境的基本国策,像对待生命一样对待生态环境,统筹山水林田湖草沙系统治理,实行最严格的生态环境保护制度,形成绿色发展方式和生活方式,动员全社会力量推进生态文明建设,共建美丽中国,让人民群众在绿水青山中共享自然之美、生命之美、生活之美,走出一条生产发展、生活富裕、生态良好的文明发展道路。

坚持建设美丽中国的基本方针,把生态文明建设的战略举措落地生根。党的十九大报告首次提出,到 21 世纪中叶,把我国建成富强民主文明和谐美丽的社会主义现代化强国。"美丽中国"是一种契合自然、舒张自如的状态,也是人们孜孜以求的境界。建设社会主义现代化国家的目标,从富强民主文明到富强民主文明和谐,再到富强民主文明和谐美丽,这个过程是实现中华民族伟大复兴的中国梦历史征程中新时代中国特色社会主义现代化事业不断延伸的主线和主轴。生态文明建设虽任重道远,但前路宽广、方向明确。党的十九大报告也提出了建设美丽中国的基本方针和战略举措。基本方针是:节约优先、保护优先、自然恢复为主。在资源利用上,把节约放在首位;在环境改善上,把保护放在首位;在生态建设上,以自然恢复为主,从源头上扭转生态环境恶化趋势,从而形成节约资源和保护环境的空间格局、产业结构、生产方式、生活方式。战略举措包括:推进绿色发展,着力解决突出的环境问题,加大生态系统保护力度,改革生态环境监管体制。这一基本方针和这些战略举措,既坚持全面论与重点论的有机统一,也坚持"变"与"不变"的有机统一,是唯物辩证法在新时代中国特色社会主义生态文明建设中的创造性运用和发展。

总之,在建设生态文明、建设美丽中国的进程中,我们应时刻以"绿水青山就是金山银山"这一理念为根本遵循,使人类在认识自然、利用自然、改造自然的过程中,积极改善和优化人与自然的关系,建设健康有序的生态运行机制和安全舒适的生态发展环境。生态文明建设的核心,是正确处理人与自然的关系,实现人与自然的和谐相处、和谐共生。坚持在发展中保护、在保护中发展,实现经济社会发展与人口、资源、环境可持续、相协调、促共进。这是新时代对生态文明建设的新定位,是新时代对生态文明建设的新要求,是新时代对生态文明建设的新希望。

伟大变革的重大意义与深远影响

党的二十大是在全党全国各族人民迈上全面建设社会主义现代化国家新征程、向第二个百年奋斗目标进军的关键时刻召开的一次十分重要的大会。党的二十大报告在第一部分回顾总结了过去五年的工作和新时代十年的伟大变革。注重回顾历史、总结经验、以史为鉴,有利于坚定历史自信、增强历史主动、更好开创未来。要全面学习把握落实党的二十大精神,首先就要牢牢把握过去五年工作和新时代十年伟大变革的重大意义,感悟其深远影响。

一、辉煌成就举世瞩目

新时代十年党和国家事业取得的历史性成就、发生的历史性变革,内在地包含党的十九大以来五年的工作。从党的十九大到党的二十大,是"两个一百年"奋斗目标的历史交汇期。以习近平同志为核心的党中央,深刻把握我国社会主要矛盾发展变化带来的新特征新要求,有效应对错综复杂的国际环境带来的新矛盾新挑战,团结带领全党全军全国各族人民,沉着应对、迎难而上、砥砺前行,如期实现了第一个百年奋斗目标,迈上全面建设社会主义现代化国家新征程,以奋发有为的精神把新时代中国特色社会主义不断推向前进,实现中华民族伟大复兴进入了不可逆转的历史进程。

新时代十年的历史性成就、历史性变革,具体体现在改革发展稳定、内政外交国防、治党治国治军各领域、各方面,是全方位、根本性、格局性的。党的二十大报告从创立了习近平新时代中国特色社会主义思想、全面加强党的领导、对新时代党和国家事业发展作出科学完整的战略部署、实现了小康这个中华民族的千年梦想、提出并贯彻新发展理念、以巨大的政治勇气全面深化改革、实行更加积极主动的开放战略、坚持走中国特色社会主义政治发展道路、确立和坚持马克思主义在意识形态领域指导地位的根本制度、深入贯彻以人民为中心的发展思想、坚持绿水青山就是金山银山的理念、贯彻总体国家安全观、确立党在新时代的强军目标、全面准确推进"一国两制"实践、全面推进中国特色大国外交、深入推进全面从严治党十六个方面,科学概括、系统展示了新时代十年伟大变革的全貌。

"看似寻常最奇崛,成如容易却艰辛。"新时代十年取得的历史性成就、发生的历史性变革,是党团结带领中国人民战胜各种风险挑战甚至惊涛骇浪的结果。正如习近平总书记在党的二十大报告中指出的:"新时代的伟大成就是党和人民一道拼出来、干出来、奋斗出来的!"[①]

[①] 《习近平著作选读》第一卷,北京:人民出版社,2023,第12页。

二、伟大变革意义非凡

新时代十年,党中央团结带领全党全军全国各族人民,采取一系列战略性举措,推进一系列变革性实践,实现一系列突破性进展,取得一系列标志性成果,经受住了来自政治、经济、意识形态、自然界等方面的风险挑战考验,党和国家事业取得历史性成就、发生历史性变革,推动我国迈上全面建设社会主义现代化国家新征程。对此,我们可以从"三件大事"和"里程碑意义"这两个维度进行深入理解和领会。

习近平总书记在党的二十大报告中指出:"十年来,我们经历了对党和人民事业具有重大现实意义和深远历史意义的三件大事。"①其一,迎来中国共产党成立一百周年。一百年来,中国共产党团结带领中国人民进行的一切奋斗、一切牺牲、一切创造,归结起来就是一个主题:实现中华民族伟大复兴。一百年来,中国共产党成长为领导着14亿多人口大国、具有重大全球影响力的世界第一大执政党。其二,中国特色社会主义进入新时代。中国特色社会主义新时代是我国发展新的历史方位,这一时期党面临的主要任务是,实现第一个百年奋斗目标,开启实现第二个百年奋斗目标新征程,朝着实现中华民族伟大复兴的宏伟目标继续前进。其三,完成脱贫攻坚、全面建成小康社会的历史任务,实现第一个百年奋斗目标。摆脱贫困、实现小康,是中华民族的千年梦想。脱贫攻坚战的

---

① 《习近平著作选读》第一卷,北京:人民出版社,2023,第4页。

全面胜利,标志着我们党在团结带领人民创造美好生活、实现共同富裕的道路上迈出了坚实的一大步。对"三件大事",习近平总书记深刻指出:"这是中国共产党和中国人民团结奋斗赢得的历史性胜利,是彪炳中华民族发展史册的历史性胜利,也是对世界具有深远影响的历史性胜利。"①

党的二十大报告提出:"新时代十年的伟大变革,在党史、新中国史、改革开放史、社会主义发展史、中华民族发展史上具有里程碑意义。"②中国共产党走过百余年历程,在新时代十年的革命性锻造中,中国共产党更加坚强有力、更加团结统一、更加充满生机活力;中华人民共和国走过七十余年历程,新时代十年书写了世所罕见、史所罕见的经济快速发展和社会长期稳定两大奇迹新篇章;改革开放走过四十余年历程,新时代十年推动我国经济迈上高质量发展之路,经济实力、科技实力、综合国力跃上新的大台阶,人民生活水平跃上新的大台阶;世界社会主义走过五百余年历程,新时代十年使科学社会主义在21世纪的中国焕发出新的蓬勃生机,使马克思主义以崭新形象展现在世界上,使世界范围内社会主义和资本主义两种意识形态、两种社会制度的历史演进及其较量发生了有利于社会主义的重大转变,极大增强了中国人民坚持和发展中国特色社会主义的信念和信心;实现中华民族伟大复兴是近

---

① 《习近平著作选读》第一卷,北京:人民出版社,2023,第4页。
② 《习近平著作选读》第一卷,北京:人民出版社,2023,第13页。

代以来中华民族最伟大的梦想,新时代十年中国共产党和中国人民信心百倍推进中华民族从站起来、富起来到强起来的伟大飞跃,中华民族伟大复兴迎来无比光明的美好前景。

三、规律性认识弥足珍贵

我们党历来高度重视总结历史经验。习近平总书记在党的二十大报告中强调:"全党必须牢记,坚持党的全面领导是坚持和发展中国特色社会主义的必由之路,中国特色社会主义是实现中华民族伟大复兴的必由之路,团结奋斗是中国人民创造历史伟业的必由之路,贯彻新发展理念是新时代我国发展壮大的必由之路,全面从严治党是党永葆生机活力、走好新的赶考之路的必由之路。这是我们在长期实践中得出的至关紧要的规律性认识,必须倍加珍惜、始终坚持,咬定青山不放松,引领和保障中国特色社会主义巍巍巨轮乘风破浪、行稳致远。"[①]"五个必由之路"规律性认识弥足珍贵,为不断谱写新时代中国特色社会主义新篇章指明了方向、提供了遵循。

中国共产党的领导是中国特色社会主义最本质的特征,是中国特色社会主义制度的最大优势。中国特色社会主义制度是中国共产党领导人民创建的,党的领导是中国特色社会主义制度优势发挥的根本保障。历史已经证明并将继续证明:中国特色社会主义

[①]《习近平著作选读》第一卷,北京:人民出版社,2023,第57页。

取得的一切进步和成就,根本在于始终坚持党的全面领导。

中国特色社会主义进入新时代,为实现中华民族伟大复兴提供了更为完善的制度保证、更为坚实的物质基础、更为主动的精神力量。今天,我们比历史上任何时期都更接近、更有信心和能力实现中华民族伟大复兴的目标。历史已经证明并将继续证明:只要我们毫不动摇坚持和发展中国特色社会主义,我们就一定能够实现中华民族伟大复兴。

团结就是力量,奋斗开创未来。团结奋斗是中国共产党人的宝贵精神品质。我们党用伟大奋斗创造了百年伟业,也一定能用新的伟大奋斗创造新的伟业。历史已经证明并将继续证明:只要我们更加紧密地团结在以习近平同志为核心的党中央周围,坚定信心、同心同德,埋头苦干、奋勇前进,就一定能够战胜前进道路上的一切困难挑战,继续创造令世人瞩目的新的奇迹。

发展理念具有战略性、纲领性、引领性。历史已经证明并将继续证明:只要我们完整、准确、全面贯彻新发展理念,加快构建新发展格局,推动高质量发展,加快实现科技自立自强,就一定能够不断提高我国发展的竞争力和持续力,在日趋激烈的国际竞争中把握主动、赢得未来。

全面从严治党永远在路上,党的自我革命永远在路上。历史已经证明并将继续证明:只要我们大力弘扬伟大建党精神,不忘初心、牢记使命,谦虚谨慎、艰苦奋斗,敢于斗争、善于斗争,全面从严治党,勇于自我革命,就一定能够确保党永远不变质、不变色、不变味。

我们正处在前所未有的变革时代，干着前无古人的伟大事业。过去五年和新时代以来的十年，在党和国家发展进程中极不寻常、极不平凡。奋进新征程，我们要坚定历史自信、增强历史主动，奋力谱写新时代中国特色社会主义更加绚丽的华章，在新的赶考之路上向历史和人民交出新的优异答卷。

中国特色社会主义建设规律认识的新跃升

党的十八大以来,中国特色社会主义进入新时代。习近平新时代中国特色社会主义思想是党的十八大以来我国经济社会发展取得历史性成就、发生历史性变革的根本思想保证。

坚持和发展中国特色社会主义是改革开放以来党的全部理论和实践的主题。一个政党连续四十余年始终不渝聚焦并持守同一个主题,一张蓝图绘到底,一茬接着一茬干,这在当代世界政治发展史上是绝无仅有的。党的十八大以来,中国特色社会主义进入新时代。习近平新时代中国特色社会主义思想深刻回答了新时代坚持和发展什么样的中国特色社会主义、怎样坚持和发展中国特色社会主义的重大时代课题,在新时代实现了对中国特色社会主义建设规律认识的新跃升,既彰显了新时代中国特色社会主义的显著优势和生机活力,又诠释了21世纪科学社会主义的崭新内涵和根本走向。

一、续写中国特色社会主义新的伟大篇章

中国特色社会主义是从哪里来的?是从天上掉下来的吗?不

是。是自己头脑里固有的吗？不是。中国特色社会主义的开创和发展，具有深厚的历史渊源和现实基础。中国特色社会主义，是科学社会主义理论逻辑和中国社会发展历史逻辑的辩证统一，是植根于中国大地、反映中国人民意愿、适应中国和时代发展进步要求的科学社会主义。中国特色社会主义，是在改革开放的伟大实践中得来的，是在中华人民共和国成立以来的持续探索中得来的，是在我们党领导人民进行伟大社会革命的实践中得来的，是在近代以来中华民族由衰到盛的历史进程中得来的，是在世界社会主义的曲折发展中得来的，是在对中华文明的传承发展中得来的。历史昭示我们：找到一条正确道路是多么不容易，又是多么值得珍惜！

一个国家实行什么样的主义，关键要看这个主义能否解决这个国家面临的历史性课题。1840年鸦片战争以后，中国逐步成为半殖民地半封建社会，国家蒙辱、人民蒙难、文明蒙尘是中国悲惨命运的真实写照。基于此，争取民族独立、人民解放和实现国家富强、人民幸福，是近代中国面临的两大历史任务。几乎在同一历史时期，在资本主义方兴未艾的欧洲出现了"共产主义的幽灵"，马克思、恩格斯开始了对科学社会主义、对人类解放事业的艰辛探索。列宁和俄国布尔什维克党人取得了社会主义革命的胜利，进行了社会主义建设的初步实践，在20世纪把马克思主义推进到马克思列宁主义阶段。马克思主义为人类求解放的历史使命与近代中国人民解放的历史任务高度契合，近代中国与十月革命前的俄国的情况相同或近似，十月革命一声炮响，给中国送来了马克思列宁主义。马克思主义是我们党和人民事业不断发展的参天大树之根本,是我们党和人民不断奋进的万里长河之源泉。中国选择了社会主义。历史已经证明:社会主义没有辜负中国,中国没有辜负社会主义。

中国特色社会主义、新时代中国特色社会主义是从历史中走来的、是在实践中得来的,同时更伴随着对问题的求解和认知的创新。相当长一个时期以来,国内外有些舆论提出质疑,中国现在搞的究竟还是不是社会主义。有人说中国搞的是"资本社会主义",有人说是"国家资本主义",有人说是"新官僚资本主义",所有这些,都是完全错误的。中国共产党人具有强烈的问题意识、鲜明的问题导向、科学的问题回应、务实的问题求解等特点和优点,在开创、坚持、捍卫和发展中国特色社会主义的过程中,不断深化对中国的社会主义与世界的资本主义之间的关系、中国的社会主义与世界的社会主义之间的关系、中国的社会主义的现实与未来的共产主义的理想之间的关系的认知。中国特色社会主义新时代,是中国特色社会主义发展新的伟大成果,是中国发展新的历史方位。

"辨方位而正则。"中国特色社会主义新时代是承前启后、继往开来、在新的历史条件下继续夺取中国特色社会主义伟大胜利的时代,是决胜全面建成小康社会、进而全面建设社会主义现代化强国的时代,是全国各族人民团结奋斗、不断创造美好生活、逐步实现全体人民共同富裕的时代,是全体中华儿女勠力同心、奋力实现中华民族伟大复兴中国梦的时代,是我国不断为人类作出更大贡献的时代。新时代续写了中国特色社会主义这篇大文章,是中国特色社会主义发展的重要里程碑。新时代的生动实践和理论创新,使我们党对社会主义和中国特色社会主义的认识、对社会主义建设规律和中国特色社会主义建设规律的把握达到了前所未有的新高度。

真知源于实践,事实胜于雄辩。新时代十年来,党和国家事业取得历史性成就、发生历史性变革。新时代十年的伟大变革,在党史、新中国史、改革开放史、社会主义发展史、中华民族发展史上具有里程碑意义。

二、真正的马克思主义者总是在不断解决时代问题

在马克思主义发展、马克思主义中国化发展的历史进程中,真正的马克思主义者总是在不断解决时代问题、创新创造理论内容。19世纪有19世纪的问题,20世纪有20世纪的问题,21世纪有21世纪的问题,每个时代总有属于它自己的问题,而只要科学地认识、准确地把握、正确地解决这些问题,就能够把我们的社会不断地推向前进。正如马克思所指出的:"每个原理都有其出现的世纪。"[1] 习近平新时代中国特色社会主义思想是当代中国马克思主义、21世纪马克思主义,是中华文化和中国精神的时代精华。

问题是时代的声音,就是需要解决的任务;而一个政党在一个时期要完成的历史使命,一代领导人在一个阶段要解决的时代课题,都是由当时的时代要求和人民愿望所决定的。党的十八大

---

[1]《马克思恩格斯文集》第1卷,北京:人民出版社,2009,第607页。

以来,中国特色社会主义进入新时代。中国共产党面临的主要任务是,实现第一个百年奋斗目标,开启实现第二个百年奋斗目标新征程,朝着实现中华民族伟大复兴的宏伟目标继续前进。以习近平同志为核心的党中央统筹把握中华民族伟大复兴战略全局和世界百年未有之大变局,坚持把马克思主义基本原理同中国具体实际相结合、同中华优秀传统文化相结合,对关系新时代党和国家事业发展的一系列重大理论和实践问题进行了深邃思考和科学判断,就新时代坚持和发展什么样的中国特色社会主义、怎样坚持和发展中国特色社会主义,建设什么样的社会主义现代化强国、怎样建设社会主义现代化强国,建设什么样的长期执政的马克思主义政党、怎样建设长期执政的马克思主义政党等重大时代课题,提出一系列原创性的治国理政新理念新思想新战略,实现了马克思主义中国化新的飞跃。

在三个重大时代课题中,新时代坚持和发展什么样的中国特色社会主义、怎样坚持和发展中国特色社会主义具有根本性地位和意义。党的十九届六中全会通过的历史决议把习近平新时代中国特色社会主义思想所蕴含的战略思想和创新理念丰富和拓展为"十个明确",并强调这是党对中国特色社会主义建设规律认识深化和理论创新的重大成果。在"十个明确"中,有五个明确对这一重大时代课题进行了对应、作出了回答。第一个"明确"鲜明指出,中国特色社会主义最本质的特征是中国共产党领导,中国特色社会主义制度的最大优势是中国共产党领导;第二个"明确"规定了坚持和发展中国特色社会主义的总任务是实现社会主义现代化和中华民族伟大复兴,提出以中国式现代化推进中华民族伟大复兴;第四个"明确"强调了中国特色社会主义事业总体布局是经济建设、政治建设、文化建设、社会建设、生态文明建设"五位一体",战略布局是全面建设社会主义现代化国家、全面深化改革、全面依法治国、全面从严治党"四个全面",对新时代坚持和发展中国特色社会主义进行了战略擘画,提供了任务引领;第五个"明确"、第六个"明确"提出完善和发展中国特色社会主义制度、推进国家治理体系和治理能力现代化,建设中国特色社会主义法治体系、建设社会主义法治国家,目的正是为坚持和发展中国特色社会主义提供更加坚实的制度支撑。

上述这五个"明确",深入回答了中国特色社会主义"性质是什么"的问题,进一步昭示了中国共产党坚定的政治立场,旗帜鲜明地强调要毫不动摇地坚持中国特色社会主义方向,决不能在根本性问题上出现颠覆性错误;深入回答了中国特色社会主义"特色在哪里"的问题,进一步阐释了中国特色社会主义的实践特色、理论特色、民族特色、时代特色,系统总结了我国国家制度和国家治理体系的显著优势,强调这些显著优势是坚定中国特色社会主义道路自信、理论自信、制度自信、文化自信的基本依据;深入回答了中国特色社会主义"从何处来"的问题,强调中国特色社会主义其来有自,且来之不易,是党和人民历经千辛万苦、付出各种代价取得的宝贵成果。

三个重大时代课题既与"十个明确"具有对应关系,同时也是相互嵌入的,且体现了坚持马克思主义与发展马克思主义的有机统一,坚持科学社会主义理论逻辑与中国社会发展历史逻辑、实践逻辑的有机统一。在这个基础上,我们可以更深入地理解,党确立习近平同志党中央的核心、全党的核心地位,确立习近平新时代中国特色社会主义思想的指导地位,反映了全党全军全国各族人民共同心愿,对新时代党和国家事业发展、对推进中华民族伟大复兴历史进程具有决定性意义;马克思主义中国化时代化不断取得成功,马克思主义的科学性和真理性在中国得到充分检验,马克思主义的人民性和实践性在中国得到充分贯彻,马克思主义的开放性和时代性在中国得到充分彰显。习近平新时代中国特色社会主义思想的创立和发展,使马克思主义以崭新形象展现在世界上,使世界范围内社会主义和资本主义两种意识形态、两种社会制度的历史演进及其较量发生了有利于社会主义的重大转变,世界社会主义、国际共产主义运动呈现出从东欧剧变、苏联解体的严重曲折中走向振兴的态势。

中国特色社会主义新时代的主要任务就是答卷,三个重大时代课题就是考题,"十个明确"就是答案。

三、理论的生命力在于不断创新

"什么是社会主义、怎样建设社会主义",对这个跨越时空的历史之问,中国共产党人从未停止过探索和回答。

19世纪40年代,马克思、恩格斯使社会主义从空想变为科学,提出了解构资本主义社会、建构未来理想社会的基本点,但是他们并未将其付诸实践。1917年,列宁领导俄国十月革命取得胜利,使社会主义从科学的理论变为现实的制度进而变为建设的实践，积累了初步的宝贵经验。

中国共产党人是马克思主义的持守者，同时也是实事求是的实践者。毛泽东指出："马克思活着的时候，不能将后来出现的所有问题都看到，也就不能在那时把所有问题都加以解决。俄国的问题只能由列宁解决，中国的问题只能由中国人解决。"①邓小平指出："绝不能要求马克思为解决他去世之后上百年、几百年所产生的问题提供现成答案。列宁同样也不能承担为他去世以后五十年、一百年所产生的问题提供现成答案的任务。真正的马克思列宁主义者必须根据现在的情况，认识、继承和发展马克思列宁主义。"②习近平总书记指出："我们不能简单拿马克思、恩格斯、列宁当年所说的话来套今天的中国实际，也不能简单拿党过去提出的一些具体理论观点和由此产生的具体政策举措来套今天的工作。什么事情都要看一百多年前是怎么说的、几十年前是怎么说的，不能越雷池一步，只能亦步亦趋，那还怎么前进？！那不是真正的马克思主义！"③这是中国共产党人对待马克思主义的正确立场和科学态度。

以毛泽东同志为主要代表的中国共产党人实现了马克思主义与中国具体实际的第一次结合，取得了新民主主义革命的伟大胜

---

① 《毛泽东文集》第八卷，北京：人民出版社，1999，第5页。
② 《邓小平文选》第3卷，北京：人民出版社，1993，第291页。
③ 习近平：《更好把握和运用党的百年奋斗历史经验》，《求是》2022年第13期。

利;中华人民共和国成立后,毛泽东提出了第二次结合的任务,开始探索中国社会主义建设的正确道路。第二次结合是一个长期的历史进程,不是一蹴而就的。改革开放以后,邓小平提出"走自己的道路,建设有中国特色的社会主义"①的重大命题。习近平总书记指出:"坚持和发展中国特色社会主义是一篇大文章","我们这一代共产党人的任务,就是继续把这篇大文章写下去"。②

党的十八大以来,习近平总书记深入思考中国特色社会主义向何处去以及世界社会主义前途命运的重大问题,提出了一系列创新思想理论,深化了对社会主义建设规律、中国特色社会主义发展规律的认识。譬如,在提出中国特色社会主义进入新时代的重大判断之后,又进一步提出了新发展阶段的思想,发展了社会主义发展阶段理论;强调中国特色社会主义的最本质特征是党的领导,中国特色社会主义制度的最大优势是党的领导,认为其最鲜明的特色是理论创新和实践创新、制度自信和文化自信的紧密结合,在推动发展上拥有强大的政治优势、理论优势、制度优势、文化优势;强调没有五千多年文明就没有所谓的中国特色,并提炼概括了中国特色社会主义国家制度和治理体系的显著优势,极大地深化了我们对中国特色社会主义的认识以及社会主义本质的理论;提出中国式现代化新道路,揭示中国式现代化的重要特征,提出建设社

---

① 《邓小平文选》第三卷,北京:人民出版社,1993,第197页。
② 《习近平谈治国理政》第一卷,北京:外文出版社,2018,第23页。

会主义现代化强国的"两步走"战略部署,发展了社会主义现代化理论;提出人类文明新形态的重要思想,发展了马克思主义文明理论;提出全过程人民民主的新理念,揭示全过程人民民主的基本内涵和本质特征,发展了马克思主义民主理论;提出共建"一带一路",推进中国特色大国外交、推动建设新型国际关系、推动构建人类命运共同体,发展了中国共产党外交理论和马克思主义世界历史理论;等等。

在马克思主义发展史、社会主义发展史上,习近平新时代中国特色社会主义思想把中国特色社会主义和实现社会主义现代化、实现中华民族伟大复兴有机贯通起来。习近平总书记强调,我们坚持和发展中国特色社会主义,推动物质文明、政治文明、精神文明、社会文明、生态文明协调发展,成功走出了中国式现代化道路,创造了人类文明新形态;我们推进的现代化,是中国共产党领导的社会主义现代化;中国式现代化既切合中国实际,体现了社会主义建设规律,也体现了人类社会发展规律;中国特色社会主义是实现中华民族伟大复兴的必由之路;必须坚持以中国式现代化推进中华民族伟大复兴,既不走封闭僵化的老路,也不走改旗易帜的邪路,坚持把国家和民族发展放在自己力量的基点上、把中国发展进步的命运牢牢掌握在自己手中。

"天以新为运,人以新为生。"理论的生命力同样在于不断创新。习近平新时代中国特色社会主义思想彰显了强大政治定力和高度战略自信,书写了新时代坚持和发展中国特色社会主义的崭新篇章,推动新时代中国特色社会主义成为科学社会主义发展的旗帜引领和世界社会主义走向振兴的中流砥柱,对科学社会主义作出了重大原创性贡献,使科学社会主义释放出具有强大说服力、感召力的真理光芒。

中 篇

以中国式现代化全面推进中华民族伟大复兴

在中华人民共和国成立以来特别是改革开放以来的长期探索和实践基础上,经过党的十八大以来在理论和实践上的新突破,我们成功推进和拓展了中国式现代化。实践表明:中国式现代化既切合中国实际,体现了社会主义建设规律,也体现了人类社会发展规律。我们推进的中国式现代化,是中国共产党领导的社会主义现代化,必须坚持以中国式现代化推进中华民族伟大复兴。

中国共产党的百年奋斗与实现中华民族伟大复兴

从1921年到2021年,中国共产党走过百年历程,迎来百年华诞。我们党一经成立,就毅然决然地肩负起实现中华民族伟大复兴的历史使命。习近平总书记指出:"实现中华民族伟大复兴,是中华民族近代以来最伟大的梦想。"① "我们党领导的革命、建设、改革伟大实践,是一个接续奋斗的历史过程,是一项救国、兴国、强国,进而实现中华民族伟大复兴的完整事业。"② 一百年中,我们党始终以坚定的政治勇气和高超的政治智慧,走在实现中华民族伟大复兴的最前列,朝气蓬勃,斗志昂扬,积淀了丰富、宝贵的历史经验。过去的一百年,是我们党领导人民一步一步走过来的,同时又将继续一步一步走下去,前后相继,永不止步,一步比一步更接近实现中华民族伟大复兴的中国梦。

---

① 《习近平谈治国理政》第一卷,北京:外文出版社,2018,第219页。
② 习近平:《在纪念毛泽东同志诞辰120周年座谈会上的讲话》,《人民日报》2013年12月27日第2版。

一、中国共产党领导人民进行的百年奋斗是中华民族发展史上意义非凡的伟大壮举

中华民族是历史悠久、勤劳智慧的民族,是创造了灿烂文明的伟大民族。一百年间,中华民族的命运与中国共产党的命运历史地联系在一起。列宁指出,以马克思主义理论为指导分析社会问题,就需要把问题放置在一定的历史范围之内。①鸦片战争爆发之后,近代中国的社会性质和基本国情就是半殖民地半封建社会,社会的主要矛盾就是帝国主义和中华民族之间的矛盾、封建主义和人民大众之间的矛盾。矛盾决定任务。由于近代中国社会矛盾的变化,争取民族独立、人民解放和实现国家繁荣富强、人民共同富裕,成为中国先进分子和全体中国人民必须完成的历史任务。新中国成立之后特别是社会主义基本制度确立之后,中国的基本国情就是我国处于并将长期处于社会主义初级阶段。生产力决定生产关系。中国社会的主要矛盾先是人民对于建立先进的工业国的要求同落后的农业国的现实之间的矛盾、人民日益增长的物质文化需要同落后的社会生产之间的矛盾,在中国特色社会主义新时代,则已经转化为人民日益增长的美好生活需要和不平衡不充分的发展之间的矛盾。因此,建设中国特色社会主义,总任务是实现社会主义现代化和中华民族伟大复兴。②

---

① 参见《列宁选集》第 2 卷,北京:人民出版社,2012,第 375 页。
② 参见《坚定不移沿着中国特色社会主义道路前进　为全面建成小康社会而奋斗》,《人民日报》2012 年 11 月 18 日第 1 版。

中国共产党成立至今,走过了一百年的奋斗历程。这在中华民族五千多年文明发展的历史长河中只是短短的一瞬,但中国共产党在这一百年中领导人民创造的却是前无古人、意义非凡的伟大壮举。

中国共产党的诞生,是开天辟地的大事变,其非凡意义在于"深刻改变了近代以后中华民族发展的方向和进程,深刻改变了中国人民和中华民族的前途和命运,深刻改变了世界发展的趋势和格局"①。中国共产党的诞生使中国的命运开始逐步掌握在人民自己的手中,而当中国人民真正成为中国命运的主宰者时,中国就将"以自己的辉煌的光焰普照大地"②。

中国共产党领导人民完成新民主主义革命,建立了新中国。新中国的成立,"使中国人民成为国家、社会和自己命运的主人"③,"实现了中国从几千年封建专制政治向人民民主的伟大飞跃"④。

中国共产党领导人民完成社会主义革命,确立社会主义基本制度,进行了社会主义建设的艰辛探索,"完成了中华民族有史以来最为广泛而深刻的社会变革"⑤,"实现了中华民族从东亚病夫

---

① 习近平:《在中国共产党成立95周年大会上的讲话》,《求是》2021年第8期。
② 《毛泽东选集》第四卷,北京:人民出版社,1991,第1467页。
③ 习近平:《在纪念毛泽东同志诞辰120周年座谈会上的讲话》,《人民日报》2013年12月27日第2版。
④ 《中国共产党简史》,北京:人民出版社、中共党史出版社,2021,第146—147页。
⑤ 习近平:《在庆祝中国共产党成立95周年大会上的讲话》,《人民日报》2016年7月2日第2版。

到站起来的伟大飞跃"①。

中国共产党领导人民进行改革开放新的伟大革命,开辟了中国特色社会主义道路,"使中国大踏步赶上了时代,实现了中华民族从站起来到富起来的伟大飞跃"②。

党的十八大以来,中国共产党团结带领人民进行伟大斗争、建设伟大工程、推进伟大事业、实现伟大梦想,推动党和国家事业取得全方位、开创性历史成就,发生深层次、根本性历史变革,是伟大壮举,使"中华民族迎来了从富起来到强起来的伟大飞跃"③。

历史的行进并不是线性的,列宁曾把社会发展的不同时间段、时间节点喻为"二十年等于一天"的消沉时代和"一天等于二十年"的伟大日子。中国共产党诞生以来在推进中华民族伟大复兴进程中实现的"伟大飞跃",就是这样的"伟大日子"。正是在这一次又一次的"伟大飞跃"中,中国共产党引领具有五千多年文明历史的中华民族正在全面迈向现代化,使中华文明和中华民族焕发出新的蓬勃生机。正是在这一次又一次的"伟大飞跃"中,我们跨过了一道道沟沟坎坎,从走"俄国人的路"再到"走自己的路",成功开

---

① 习近平:《在纪念马克思诞辰200周年大会上的讲话》,《人民日报》2018年5月5日第2版。

② 习近平:《在纪念马克思诞辰200周年大会上的讲话》,《人民日报》2018年5月5日第2版。

③ 习近平:《在纪念马克思诞辰200周年大会上的讲话》,《人民日报》2018年5月5日第2版。

辟、坚持和发展了中国特色社会主义,深刻改变了中华民族的历史命运。同时,中国共产党领导中国人民以自身的成功经验"拓展了发展中国家走向现代化的途径,给世界上那些既希望加快发展又希望保持自身独立性的国家和民族提供了全新选择,为解决人类问题贡献了中国智慧和中国方案"[1]。这是一种启迪和昭示。新中国成立七十多年来,中国共产党团结带领人民创造了世所罕见的经济快速发展奇迹和社会长期稳定奇迹,"在几十年的时间内走完了世界上很多国家几百年的发展历程"[2],实现了从追赶时代到赶上并引领时代、从仰视世界到平视世界的巨变。习近平总书记指出,结合中国的历史就可以明确看出,"如果没有中国共产党领导,我们的国家、我们的民族不可能取得今天这样的成就,也不可能具有今天这样的国际地位"[3]。正是在这个意义上,习近平总书记指出,在当今世界,"中国共产党、中华人民共和国、中华民族是最有理由自信的"[4]。事实胜于雄辩,历史和人民选择中国共产党领导中华民族伟大复兴事业无比正确。

二、中国共产党领导中国实现了民族独立和人民解放

在人类历史上,中华文明为人类文明进步、人类社会发展作出

---

[1]《习近平谈治国理政》第三卷,北京:外文出版社,2020,第8—9页。
[2]《习近平谈治国理政》第二卷,北京:外文出版社,2017,第432页。
[3]《习近平谈治国理政》第二卷,北京:外文出版社,2017,第20页。
[4]《习近平谈治国理政》第二卷,北京:外文出版社,2017,第36页。

了不可磨灭的卓越贡献,长期居于世界发展的前列。历史的拐点是1840年鸦片战争的爆发。由此开始,西方列强不断对中国发动侵略战争,强迫中国签订一系列丧权辱国的不平等条约,使中国人民遭受了深重的苦难。虽然一些爱国先驱为了挽救民族危亡进行过不懈斗争,但都没能把中国人民从半殖民地半封建社会的深渊中拯救出来。如何救亡图存、如何实现民族独立和人民解放,成为困惑中国人的头等现实问题。无数仁人志士都在艰辛探索,都在寻求解决问题的答案。

在俄国十月革命以前、五四运动以前、中国共产党诞生以前,"中国人没有什么思想武器可以抗御帝国主义。旧的顽固的封建主义的思想武器打了败仗了,抵不住,宣告破产了。不得已,中国人被迫从帝国主义的老家即西方资产阶级革命时代的武器库中学来了进化论、天赋人权论和资产阶级共和国等项思想武器和政治方案,组织过政党,举行过革命,以为可以外御列强,内建民国。但是这些东西也和封建主义的思想武器一样,软弱得很,又是抵不住,败下阵来,宣告破产了"①。

正当"山穷水尽诸路皆走不通"②的时候,俄国十月革命给我们送来了马克思列宁主义。在中华民族内忧外患、社会危机空前深重的背景下,在马克思列宁主义同中国工人运动相结合的进程中,

---

① 《毛泽东选集》第四卷,北京:人民出版社,1991,第1514页。
② 《毛泽东书信选集》,北京:中央文献出版社,2003,第4页。

中国共产党诞生了。从此,中国人民谋求民族独立、人民解放和国家繁荣富强、人民共同富裕的斗争就有了主心骨,中国人民就从精神上由被动转为主动。

中国共产党从诞生之日起就义无反顾地铁肩担道义,承担起领导中国人民摆脱半殖民地半封建社会的悲惨境地、实现中华民族复兴伟大梦想的历史使命。中国共产党也成为历史和人民的最终选择、正确选择。毛泽东指出,中华民族历来就是"一个伟大的勇敢的勤劳的民族",但在外国帝国主义和本国反动政府的压迫和剥削下于近代落伍了,面对这种境遇,"我们的先人以不屈不挠的斗争反对内外压迫者,从来没有停止过,其中包括伟大的中国革命先行者孙中山先生所领导的辛亥革命在内。我们的先人指示我们,叫我们完成他们的遗志。我们现在是这样做了"[①]。"这样做",就是使命担当。中国共产党人找到了马克思列宁主义这个武器,并创造性地解决了如何将马克思列宁主义基本原理与中国实际相结合即马克思主义中国化的一系列基本问题;创造性地解决了如何认清近代以后中国的基本国情这一进行中国革命必须回答的重大问题;创造性地解决了如何结合近代中国社会性质分析中国各阶级的状况,以及与此紧密相关的中国革命的对象、动力、性质和前途等一系列重大问题;创造性地解决了创立和建设马克思主义政党、坚持党的领导、坚持独立自主、坚持实事求是等事关党的建设伟

[①]《中国人民政协第一届会议上毛主席开幕词》,《人民日报》1949年9月22日第1版。

大工程的一系列重大问题;创造性地解决了缔造党绝对领导下的人民武装力量、农村包围城市、武装夺取政权、最终取得全国胜利等一系列重大问题;创造性地解决了团结中华民族的最大多数形成统一战线,坚持走群众路线等一系列重大问题;在"用马克思主义的立场、方法来解决中国问题,创造些新的东西"[①]的过程中,形成了马克思主义中国化的理论成果即毛泽东思想,并作为党的指导思想和行动指南。这样,"走了二十八年,方才取得了基本的胜利"[②]。中国共产党领导中国人民浴血奋战、不怕牺牲、砥柱中流,取得了新民主主义革命的伟大胜利,建立了中华人民共和国。这一胜利,来之不易;这一胜利,意义重大。

无论是建党的开天辟地,还是新中国成立的改天换地,都是中华民族伟大复兴史上的里程碑。中华民族的独立和中国人民的解放,是在中国共产党领导下实现的。这无可辩驳地表明,中国共产党是拯救中国、拯救中华民族的先进力量,带领中国人民谱写了中华民族自救自立自强的精彩篇章。

三、中国共产党领导中国人民为实现国家繁荣富强和人民共同富裕不懈奋斗

历史的行程没有半刻停顿。中华人民共和国成立后,我们党领导人民迅速恢复和发展国民经济、巩固人民政权、推动各项社会改

---

① 《毛泽东文集》第二卷,北京:人民出版社,1993,第408页。
② 《毛泽东选集》第四卷,北京:人民出版社,1991,第1472页。

革,完成新民主主义革命遗留任务,进而完成社会主义革命,确立社会主义制度,推进社会主义建设,建立起了独立的比较完整的工业体系和国民经济体系,通过发展社会主义文化显著提高了人民的思想道德素质和科学文化素质,建立起坚如磐石的国防体系,增强了中华民族的凝聚力。

改革开放四十余年来,在我们党的领导下,中国的面貌、中华民族的面貌、中国人民的面貌都得到了极大改变,创立、坚持和发展了中国特色社会主义,社会主义现代化建设取得举世瞩目的巨大成就,经济实力、科技实力、综合国力和人民生活水平跃上大台阶,成为世界第二大经济体、制造业第一大国、货物贸易第一大国,人民的获得感、幸福感、安全感显著增强。

党的十八大以来,我们攻克了许多长期没有解决的难题,办成了许多事关长远的大事要事,党和国家事业取得历史性成就、发生历史性变革。到2023年年底,我国经济总量稳居世界第二位,人均国内生产总值1.27万美元,在中等收入国家中位居前列,重大科技成果相继问世,创新型国家建设取得丰硕成果,对世界的影响力日益增强。

全面建成小康社会是我们党对历史、对人民的庄严承诺。而小康不小康,关键看老乡,关键在贫困的老乡能不能脱贫。习近平总书记指出:"反贫困始终是古今中外治国安邦的一件大事。"[①] 新中

[①] 习近平:《在全国脱贫攻坚总结表彰大会上的讲话》,《人民日报》2021年2月26日第2版。

国成立以前,贫困问题始终是困扰中华民族的顽疾。新中国成立以后,我们党领导人民自力更生、发愤图强,为摆脱贫困、改善人民生活打下了基础。改革开放以来,我们党领导人民实施大规模、有计划、有组织的扶贫开发,取得了伟大成就。党的十八大以来,我们党组织开展了声势浩大的脱贫攻坚战。到2020年底,我国现行标准下农村贫困人口全部脱贫,贫困县全部摘帽,贫困村全部出列,区域性整体贫困得到解决,完成了消除绝对贫困的艰巨任务。我们党在脱贫攻坚伟大斗争中锻铸的"上下同心、尽锐出战、精准务实、开拓创新、攻坚克难、不负人民"的脱贫攻坚精神,既是伟大民族精神的赓续,也是脱贫攻坚战的制胜密码。① 脱贫攻坚战的全面胜利,为实现我们党确立的全面建成小康社会第一个百年奋斗目标打下了坚实基础。这无论是在中国共产党百年艰苦创业与奋斗的历史上,还是在中华民族伟大复兴的历史上,无论在中国社会发展的历史上,还是在人类减贫的人类社会发展历史上,都是一个标志性事件,具有跨越时空的强大力量。

小康,是中华民族自古以来孜孜追求的理想生活状态。在历史的悠长视野中,中国曾出现一些所谓"治世"和"盛世"。但是在过去,惠及广大劳动人民的小康社会始终只是一幅"朦胧画"。千百年来,只有在肩负初心使命的中国共产党人手里,小康才是真正的"工笔画",并成为可感知可触摸的"风景画"。在中华人民共和国

---

① 习近平:《在全国脱贫攻坚总结表彰大会上的讲话》,《人民日报》2021年2月26日第2版。

成立后、改革开放前的历史时期,我们党领导人民开展大规模社会主义建设,为建设小康社会奠定了宝贵的物质基础和制度前提。改革开放是我们党领导人民进行的新的伟大革命,是社会主义制度的自我完善和发展。在这一新的历史时期,我们党带领人民成功开辟了中国特色社会主义这条正确道路,人民生活水平显著提高,综合国力和国际影响力不断提升,使中国大踏步赶上时代。党的十八大从经济、政治、文化、社会、生态等方面对全面建成小康社会提出了明确要求。党的十九大对全面建成小康社会目标的内容作出了新的概括。全面建成小康社会,"小康",指的是发展水平;"全面",指的是发展的平衡性、协调性、可持续性;"建成",即是中国共产党人立下的"军令状"。党的十九大报告指出:"从现在到二〇二〇年,是全面建成小康社会决胜期。"①2020年10月,党的十九届五中全会充分肯定了"十三五"时期特别是党的十九大以来决胜全面建成小康社会取得的伟大历史性成就,指出全面建成小康社会的第一个百年奋斗目标可以如期实现,同时又清醒地提出将对我国全面建成小康社会进行系统评估和总结,然后再正式宣布我国全面建成小康社会。习近平总书记强调,实现全面建成小康社会的奋斗目标,"是实现中华民族伟大复兴中国梦的关键一步"②。全面建成小康社会,中华民族千百年来为之憧憬的愿景和理想在我

---

① 《习近平谈治国理政》第三卷,北京:外文出版社,2020,第22页。
② 《弘扬丝路精神 深化中阿合作》,《人民日报》2014年6月6日第2版。

们这一代人手上变为现实,这在中华民族伟大复兴征程上具有重要意义,充分彰显出中华民族"一茬接着一茬干,一棒接着一棒跑"和"一鼓作气向终点线冲刺"的创造伟力。① 这必将进一步激发出广大人民群众实现中国梦的深厚潜能和磅礴力量。

四、总结历史经验,在新的历史起点上为实现中华民族伟大复兴而继续奋斗

经过不懈努力,现在全面建设社会主义现代化国家、向第二个百年奋斗目标进军的新征程已经开启。新征程是我国发展历程中十分重要的一个阶段,是接续推进新时代"两步走"、开启中华民族伟大复兴历史进程大跨越、坚持和发展中国特色社会主义的新征程。新征程需要明确新任务,要做到准确把握和持续推进中国式现代化,准确把握和有效应对各种机遇与挑战,不断夯实开启新征程的条件与基础。因此,站在新的历史起点上,我们必须深刻总结历史经验,不断从党的百年历史中汲取营养和力量,为全面建成社会主义现代化强国、实现中华民族伟大复兴而继续奋斗。

实现中华民族伟大复兴,必须首先推翻帝国主义、封建主义、官僚资本主义对中国人民的反动统治,实现民族独立、人民解放、国家统一、社会稳定。红色政权来之不易,新中国来之不易。没有民族独立,就没有民族复兴。没有人民解放,就没有实现民族复兴的

---

① 参见《习近平谈治国理政》第二卷,北京:外文出版社,2017,第71—72页。

伟大力量。

实现中华民族伟大复兴,必须建立符合我国国情的先进的社会制度。我们党团结带领人民完成社会主义革命,确立了社会主义基本制度。我们党团结带领人民进行改革开放和社会主义现代化建设,开创、坚持和完善了中国特色社会主义制度。中国特色社会主义是实现中华民族伟大复兴必须高举的伟大旗帜。

实现中华民族伟大复兴,绝不是轻轻松松、敲锣打鼓就能实现的,必须进行具有许多新的历史特点的伟大斗争。要坚定理想信念,做好较长时间应对外部环境变化的思想准备和工作准备,增强斗争意识、丰富斗争经验、提升斗争本领,时刻准备好应对重大挑战、抵御重大风险、克服重大阻力、解决重大矛盾,使党和国家以及全体人民永远立于不败之地。

实现中华民族伟大复兴,必须走中国道路,弘扬中国精神,凝聚中国力量。习近平总书记指出:"改革开放以来,我们总结历史经验,不断艰辛探索,终于找到了实现中华民族伟大复兴的正确道路,取得了举世瞩目的成果。这条道路就是中国特色社会主义。"①道路关乎党和国家前途、民族命运、人民幸福。中国特色社会主义道路的指向与实现中华民族伟大复兴的宏伟目标完全一致。中国精神,就是以爱国主义为核心的民族精神和以改革创新为核心的时代精神。中国力量,就是中国各族人民大团结的力量。人民是实

---

① 《习近平谈治国理政》第一卷,北京:外文出版社,2018,第35页。

现中华民族伟大复兴的力量之源。中国共产党是中华民族复兴逐梦的领导力量、核心力量。

实现中华民族伟大复兴,必须深入推进党的建设新的伟大工程。办好中国的事情,关键在党。没有中国共产党的领导,民族复兴必然是空想。我们党必须保持先进性和纯洁性,提高执政能力和领导水平,不断增强拒腐防变能力,保持"赶考"的清醒,以新时代党的伟大自我革命引领新的伟大社会革命。

逐梦需要勇气和自信,圆梦需要行动和努力。我们必须坚持以习近平新时代中国特色社会主义思想作为行动指南,坚持"人民对美好生活的向往,就是我们的奋斗目标"[①]的理念,保持永不懈怠的精神状态、一往无前的奋斗姿态,以不屈不挠的努力稳步地推进实现中华民族伟大复兴的历史进程。

---

① 《习近平谈治国理政》第一卷,北京:外文出版社,2018,第4页。

坚定不移推进中华民族伟大复兴历史进程

在世界政治发展史上,中国共产党独具自己的初心使命和责任担当。中国共产党是为中国人民谋幸福、为中华民族谋复兴的党,也是为人类谋进步、为世界谋大同的党。立志于中华民族千秋伟业,中国共产党已走过百余年奋斗历程。习近平总书记在党的二十大报告中明确指出,"中国共产党的中心任务就是团结带领全国各族人民全面建成社会主义现代化强国、实现第二个百年奋斗目标,以中国式现代化全面推进中华民族伟大复兴"[①]。这就进一步强调了坚定不移推进中华民族伟大复兴历史进程是新时代新征程中国共产党的重大时代课题。

一、实现中华民族伟大复兴是中国共产党百年奋斗的主题

中国人民是伟大的人民,中华民族是伟大的民族,中华文明是伟大的文明。中国有着百万年的人类史、一万年的文化史、五千多

---

① 《习近平著作选读》第一卷,北京:人民出版社,2023,第18页。

年的文明史,为人类发展进步作出了不可磨灭的卓越贡献。英国学者安格斯·麦迪森在《世界经济千年史》中估算,从公元10世纪开始,中国国内生产总值一直占到世界两成以上。据统计,16世纪以前,影响人类生活的重大科技发明约有300项,其中中国发明的就有175项。鸦片战争以后,国家蒙辱、人民蒙难、文明蒙尘,"覆屋之下、漏舟之中、薪火之上,如笼中之鸟、釜底之鱼、牢中之囚",是中国人民和中华民族所处悲惨境遇的真实写照。"多难兴邦,殷忧启圣。"实现中华民族伟大复兴成为近代以来中华民族最伟大的梦想。"莽莽神州,已倒之狂澜待挽;茫茫华夏,中流之砥柱伊谁?"在近代中国社会各种政治力量中,中国共产党脱颖而出。中国共产党一经成立,就义无反顾地肩负起实现中华民族伟大复兴的历史使命。百年来,中国共产党团结带领中国人民进行的一切奋斗、一切牺牲、一切创造,归结起来就是一个主题:实现中华民族伟大复兴。百年来,无论是弱小还是强大,无论是顺境还是逆境,中国共产党都初心不改、矢志不渝,生动演绎了实现中华民族伟大复兴的主题叙事和生动故事,倾情倾力书写了中华民族几千年历史上最恢宏的壮丽史诗。

为了实现中华民族伟大复兴,中国共产党团结带领中国人民,浴血奋战、百折不挠,创造了新民主主义革命的伟大成就,为实现中华民族伟大复兴创造了根本社会条件;自力更生、发愤图强,创造了社会主义革命和建设的伟大成就,为实现中华民族伟大复兴奠定了根本政治前提和制度基础;解放思想、锐意进取,创造了改革开放和社会主义现代化建设的伟大成就,为实现中华民族伟大复兴提供了充满新的活力的体制保证和快速发展的物质条件。中国特色社会主义进入新时代,为了实现中华民族伟大复兴,中国共产党团结带领中国人民,自信自强、守正创新,统揽伟大斗争、伟大工程、伟大事业、伟大梦想,创造了新时代中国特色社会主义的伟大成就,为实现中华民族伟大复兴提供了更为完善的制度保证、更为坚实的物质基础、更为主动的精神力量。

一百年前,中华民族呈现在世界面前的是一派衰败凋零的景象。今天,中华民族向世界展现的是一派欣欣向荣的气象,正以不可阻挡的步伐迈向伟大复兴。围绕同一个主题,百余年一以贯之、不懈奋斗,这在世界政党发展史上绝无仅有。习近平总书记豪迈地指出:"当今世界,要说哪个政党、哪个国家、哪个民族能够自信的话,那中国共产党、中华人民共和国、中华民族是最有理由自信的。"① 这种自信,归结起来就是对实现中华民族伟大复兴的历史自信和前途自信。

二、实现中华民族伟大复兴在新时代进入不可逆转的历史进程

迢迢复兴路,悠悠中国梦。习近平总书记在庆祝改革开放40周年大会上指出:"建立中国共产党、成立中华人民共和国、推进改革开放和中国特色社会主义事业,是五四运动以来我国发生的

---

① 《习近平谈治国理政》第二卷,北京:外文出版社,2017,第36页。

三大历史性事件,是近代以来实现中华民族伟大复兴的三大里程碑。"①承前启后、继往开来。党的十八大以来,中国特色社会主义进入新时代,实现中华民族伟大复兴迈上新征程。新时代新征程,党面临的主要任务是:实现第一个百年奋斗目标,开启实现第二个百年奋斗目标新征程,朝着实现中华民族伟大复兴的宏伟目标继续前进。

新时代十年来,在以习近平同志为核心的党中央掌舵领航下,中华民族伟大复兴号巨轮乘风破浪、行稳致远。在逐梦远航的过程中,并不都是风平浪静、一帆风顺的,我们遭遇的风险挑战风高浪急,有时甚至是惊涛骇浪,各种风险挑战接踵而至,其复杂性严峻性前所未有。但我们始终能够坚定信心、迎难而上,一仗接着一仗打,经受住了来自政治、经济、意识形态、自然界等方面的风险挑战考验,党和国家事业取得历史性成就、发生历史性变革,推动我国迈上全面建设社会主义现代化国家新征程。在逐梦远航的过程中,我们经历并见证了对党和人民事业具有重大现实意义和深远历史意义的三件大事:一是迎来中国共产党成立一百周年,二是中国特色社会主义进入新时代,三是完成脱贫攻坚、全面建成小康社会的历史任务,实现第一个百年奋斗目标。这三件大事是中国共产党和中国人民团结奋斗赢得的历史性胜利,是彪炳中华民族发展史册

---

① 习近平:《在庆祝改革开放40周年大会上的讲话》,《人民日报》2018年12月19日第2版。

的历史性胜利,也是对世界具有深远影响的历史性胜利,更是深刻影响中华民族伟大复兴历史进程的大事。

党的二十大报告从坚持和发展习近平新时代中国特色社会主义思想、全面加强党的领导、对新时代党和国家事业发展作出科学完整的战略部署、实现了小康这个中华民族的千年梦想、提出并贯彻新发展理念、以巨大的政治勇气全面深化改革、实行更加积极主动的开放战略、坚持走中国特色社会主义政治发展道路、确立和坚持马克思主义在意识形态领域指导地位的根本制度、深入贯彻以人民为中心的发展思想、坚持绿水青山就是金山银山的理念、贯彻总体国家安全观、确立党在新时代的强军目标、全面准确推进"一国两制"实践、全面推进中国特色大国外交、深入推进全面从严治党等方面,全面、系统、科学总结了新时代十年党和国家事业取得的举世瞩目的伟大成就和极不寻常、极不平凡的重大意义。"事非经过不知难,成如容易却艰辛。"新时代伟大征程中一系列重大成就的取得来之不易,都是党和人民一道拼出来、干出来、奋斗出来的。正是基于此,习近平总书记一再强调,"中国共产党和中国人民正信心百倍推进中华民族从站起来、富起来到强起来的伟大飞跃"①,"实现中华民族伟大复兴进入了不可逆转的历史进程"②,

---

① 《习近平著作选读》第一卷,北京:人民出版社,2023,第13页。
② 习近平:《在庆祝中国共产党成立100周年大会上的讲话》,《人民日报》2021年7月2日第2版。

"现在,我们比历史上任何时期都更接近、更有信心和能力实现中华民族伟大复兴的目标"①,"中华民族将以更加昂扬的姿态屹立于世界民族之林"②。

三、新时代新征程为全面推进中华民族伟大复兴而团结奋斗

征途漫漫从头越,奋楫扬帆向未来。实现中华民族伟大复兴是中华民族的最高利益和根本利益。当代中国正在经历人类历史上最为宏大而独特的实践创新,中华民族伟大复兴进入关键时期。在全党全国各族人民迈上全面建设社会主义现代化国家新征程、向第二个百年奋斗目标进军的关键时刻召开的党的二十大,为全面推进中华民族伟大复兴接续奋斗,提供了根本政治遵循和行动指南,凝聚起自信自强、守正创新,踔厉奋发、勇毅前行的思想共识和磅礴力量。

全面建设社会主义现代化国家、全面推进中华民族伟大复兴,关键在党。习近平总书记强调:"没有中国共产党,就没有新中国,就没有中华民族伟大复兴。"③实现中华民族伟大复兴关键在党,

---

① 习近平:《在纪念周恩来同志诞辰120周年座谈会上的讲话》,《人民日报》2018年3月2日第2版。

②《决胜全面建成小康社会 夺取新时代中国特色社会主义伟大胜利》,《人民日报》2017年10月1日第2版。

③《习近平谈治国理政》第四卷,北京:外文出版社,2022,第8页。

这是由中国共产党的性质决定的。中国共产党是中国工人阶级的先锋队，是中国人民和中华民族的先锋队，始终坚守为中国人民谋幸福、为中华民族谋复兴的初心使命。中国共产党的百年历史，就是一部团结带领中国人民为实现中华民族伟大复兴而不懈奋斗的历史。历史已经证明并将继续证明：只有中国共产党才能够担负起实现中华民族伟大复兴的历史使命。新时代新征程，全面推进中华民族伟大复兴，我们更加坚定，中国共产党是领导我们事业的核心力量，中国共产党是最高政治领导力量，党的坚强领导是实现中华民族伟大复兴的根本政治保证。

"两个确立"对新时代党和国家事业发展、对全面推进中华民族伟大复兴具有决定性意义。确立习近平同志党中央的核心、全党的核心地位，是时代呼唤、历史选择、民心所向。坚定捍卫习近平总书记的核心地位，全党就有定盘星，全国人民就有主心骨，中华民族伟大复兴号巨轮就有掌舵者。新时代新征程，有习近平总书记掌舵领航，面对惊涛骇浪，我们就能够做到"任凭风浪起，稳坐钓鱼船"。确立习近平新时代中国特色社会主义思想的指导地位，我们党就能够在中华民族伟大复兴战略全局和世界百年未有之大变局深度演进互动的复杂条件下，坚持正确前进方向，乘风破浪不迷航。新时代新征程，有习近平新时代中国特色社会主义思想科学指引，我们就能够始终把握科学的世界观和方法论，并运用贯穿其中的立场观点方法谋划事业发展、应对风险挑战，团结带领全国各族人民不断开辟中华民族伟大复兴的光明前景。

中国特色社会主义是实现中华民族伟大复兴的必由之路。"五个必由之路"的重大论断,是对习近平新时代中国特色社会主义思想的丰富和发展,既是植根新时代伟大实践的经验总结和规律性认识,也是面向新征程奋斗目标的系统性思考和工作部署;既为弄清楚"过去我们为什么能够成功"提供了科学答案,也为弄明白"未来我们怎样才能继续成功"擘画了正确方向。党的第三个历史决议指出:"一百年来,党领导人民不懈奋斗、不断进取,成功开辟了实现中华民族伟大复兴的正确道路。"[1]这条道路就是中国特色社会主义。中国特色社会主义是实现中华民族伟大复兴的正确道路,也是必由之路。新时代新征程,只要始终不渝走中国特色社会主义道路,独立自主走自己的路,我们就一定能够实现人民对美好生活的向往,实现中华民族伟大复兴的中国梦。

中国式现代化是全面推进中华民族伟大复兴的正确途径和强大动力。习近平总书记指出:"建设社会主义现代化国家、实现中华民族伟大复兴,是我们党孜孜以求的宏伟目标。自成立以来,我们党就团结带领人民为此进行了不懈奋斗。"[2]坚持和发展中国特色社会主义,总任务是实现社会主义现代化和中华民族伟大复兴。中国式现代化,归根到底是中国共产党领导的社会主义现代化,和中华民族伟大复兴紧密相连。中国式现代化,既是实现中华民族伟

---

[1]《中共中央关于党的百年奋斗重大成就和历史经验的决议》,《人民日报》2021年11月17日第1版。

[2]《习近平谈治国理政》第三卷,北京:外文出版社,2020,第110页。

大复兴的正确途径,同时又能够为推进中华民族伟大复兴提供强大动力。没有中国式现代化,就没有中华民族的伟大复兴。新时代新征程,坚定不移地以中国式现代化全面推进中华民族伟大复兴历史进程,就一定能够如期实现社会主义现代化和中华民族伟大复兴,创造人类发展史上新的奇迹。

中华民族伟大复兴绝不是轻轻松松、敲锣打鼓就能实现的,必须发扬斗争精神,敢于斗争、善于斗争。百年来,无论敌人如何强大、道路如何艰险、挑战如何严峻,我们党总是敢于斗争、善于斗争、勇于胜利。我们党依靠斗争走到今天,也必然要依靠斗争赢得未来。迈上新征程,进军新目标,我们必须清醒地看到,百年变局和世纪疫情交织,外部环境更趋复杂严峻和不确定,世界之变、时代之变、历史之变的特征更加明显。我国发展仍然处于重要战略机遇期,但也面临着越来越错综复杂的风险考验和各种斗争。这些风险考验和斗争不是短期的而是长期的,将伴随实现第二个百年奋斗目标全过程。习近平总书记在党的二十大报告中坚定地指出,全党同志"务必敢于斗争、善于斗争"①,"增强全党全国各族人民的志气、骨气、底气,不信邪、不怕鬼、不怕压"②。新时代新征程,坚定不移推进中华民族伟大复兴必须不为任何风险所惧,不为任何干扰所惑,知难而进、迎难而上,依靠顽强斗争打开事业发展新天地,

---

① 《习近平著作选读》第一卷,北京:人民出版社,2023,第1页。
② 《习近平著作选读》第一卷,北京:人民出版社,2023,第23页。

以"咬定青山不放松"的执着奋力实现既定目标,以"行百里者半九十"的清醒不懈推进中华民族伟大复兴。

中华民族伟大复兴必须依靠团结奋斗走向未来。团结就是力量,团结才能胜利。团结奋斗是中国人民创造历史伟业的必由之路;实现中华民族伟大复兴是中国共产党百年来带领人民团结奋斗的目标。团结奋斗是全面建成社会主义现代化强国、实现中华民族伟大复兴的必然要求;全面建设社会主义现代化国家、全面推进中华民族伟大复兴,是一个需要持续团结奋斗的历史进程。新时代新征程,我们要继续弘扬和践行团结奋斗精神,在党的坚强领导下,团结一切可以团结的力量,调动一切可以调动的积极因素,凝聚起亿万人民共同奋斗的磅礴力量,踔厉奋发、勇毅前行,不断夺取中国特色社会主义新的胜利,奋力推进中华民族伟大复兴。正如习近平总书记在党的二十大报告中指出的:"党用伟大奋斗创造了百年伟业,也一定能用新的伟大奋斗创造新的伟业。"①

一代人有一代人的际遇,一代人有一代人的使命,一代人有一代人的奋斗。党的二十大科学谋划了未来五年、到2035年、到21世纪中叶党和国家事业发展的目标任务和大政方针,我们要紧密团结在以习近平同志为核心的党中央周围,坚持以习近平新时代中国特色社会主义思想为指导,牢记空谈误国、实干兴邦,坚定信心、同心同德,埋头苦干、奋勇前进,在全面建设社会主义现代化国家、全

---

① 《习近平著作选读》第一卷,北京:人民出版社,2023,第58页。

面推进中华民族伟大复兴的历史征程上谱写更加绚丽的华章。我们完全有理由相信,新时代新征程上的伟大奋斗必将以强国复兴的伟大成果载入中华民族发展史册、载入人类社会发展史册!

守正与创新:中国式现代化的正道

中国式现代化实践孕育中国式现代化理论,中国式现代化理论指导中国式现代化实践。推进中国式现代化是一个系统工程,需要统筹兼顾、系统谋划、整体推进,正确处理好顶层设计与实践探索、战略与策略、守正与创新、效率与公平、活力与秩序、自立自强与对外开放等一系列重大关系。其中,守正与创新的关系问题具有极其重要的意义。只有守正,才能在推进中国式现代化的实践中不迷失方向、不犯颠覆性错误;只有创新,才能在推进中国式现代化的进程中把握时代、引领时代。

一、守正:守好中国式现代化的本和源、根和魂

中国式现代化是一项前无古人的伟大事业,归根到底是中国共产党领导的社会主义现代化。

"振叶以寻根,观澜而索源。"现代化,是人类社会发展、人类文明进步的必由之路;实现现代化,是各个国家、各国人民始终向往和不懈追求的目标愿景。从世界范围来看,现代化是最近几百年特别是18世纪以来人类社会发展的基本进程,其最初基本形态是

资本主义国家的工业化。在现代化发展史上,社会主义国家是后来者。在世界社会主义发展史上,克服资本主义的弊病、痛苦和代价,建设超越资本主义现代性的"现代社会"和"现代文明",始终是马克思主义经典作家的主题叙事。恩格斯曾指出:"我们的目的是要建立社会主义制度,这种制度将给所有的人提供健康而有益的工作,给所有的人提供充裕的物质生活和闲暇时间,给所有的人提供真正的充分的自由。"① 这是一种具有现代化特质的目标愿景。实现现代化,是1917年俄国十月革命以来所有社会主义国家的共同追求。列宁曾提出两个著名公式:一是"共产主义就是苏维埃政权加全国电气化"②,二是"乐于吸取外国的好东西:苏维埃政权＋普鲁士的铁路秩序＋美国的技术和托拉斯组织＋美国的国民教育等等等等＋＋＝总和＝社会主义"③。但是,在现代化的实践中,绝大多数社会主义国家都没有真正走向成功。

一百多年来,中国共产党团结带领全国各族人民所进行的一切奋斗,就是为了把我国建设成为社会主义现代化强国、实现中华民族伟大复兴。中华人民共和国成立以后,从第一个五年计划到第十四个五年规划,一以贯之的主题是把我国建设成为社会主义现代化国家。党的十八大以来,中国特色社会主义进入新时代,党对建设社会主义现代化国家在认识上不断深入、战略上不断成

---

① 《马克思恩格斯全集》第28卷,北京:人民出版社,2018,第652页。
② 《列宁全集》第40卷,北京:人民出版社,1986,第156页。
③ 《列宁全集》第34卷,北京:人民出版社,1985,第520页。

熟、实践上不断丰富,成功推进和拓展了中国式现代化。党的理论创新和创新理论取得的最重大成果之一,是就建设什么样的社会主义现代化强国、怎样建设社会主义现代化强国这一重大时代课题提出一系列原创性的治国理政新理念新思想新战略,并集中体现为党的二十大初步构建的中国式现代化理论体系,使中国式现代化更加清晰、更加科学、更加可感可行。2023年2月7日,习近平总书记在学习贯彻党的二十大精神研讨班开班式上发表重要讲话,强调正确理解和大力推进中国式现代化,深刻阐述了中国式现代化的一系列重大理论和实践问题,包括中国式现代化的中国特色、本质要求、重大原则等。在全面建设社会主义现代化过程中,守正,就是要守好中国式现代化的本和源、根和魂,毫不动摇坚持中国式现代化的中国特色、本质要求、重大原则,确保中国式现代化的正确方向。

一个国家走向现代化,要遵循现代化一般规律,更要符合本国实际,具有本国特色。中国式现代化既有各国现代化的共同特征,又摒弃了西方的现代化老路。中国式现代化的中国特色在于:中国式现代化是人口规模巨大的现代化,是全体人民共同富裕的现代化,是物质文明和精神文明相协调的现代化,是人与自然和谐共生的现代化,是走和平发展道路的现代化。这既是理论概括,也是实践要求,为全面建成社会主义现代化强国、实现中华民族伟大复兴指明了一条康庄大道。中国式现代化是物质的现代化、精神的现代化、治理的现代化、生态的现代化和人的现代化的有机融合。中国式现代化的本质要求是:"坚持中国共产党领导,坚持中国特色社会主义,实现高质量发展,发展全过程人民民主,丰富人民精神世界,实现全体人民共同富裕,促进人与自然和谐共生,推动构建人类命运共同体,创造人类文明新形态。"① 在全面建设社会主义现代化国家新征程的前进道路上,必须牢牢把握的重大原则是:坚持和加强党的全面领导,坚持中国特色社会主义道路,坚持以人民为中心的发展思想,坚持深化改革开放,坚持发扬斗争精神。

新中国成立特别是改革开放以来,我们用几十年时间走完西方发达国家几百年走过的工业化历程,创造了经济快速发展和社会长期稳定的奇迹,为中华民族伟大复兴开辟了广阔前景。实践证明:中国式现代化走得通、行得稳,是强国建设、民族复兴的唯一正确道路。一个有着五千多年文明史的大国坚定不移走在中国式现代化的正道上,堪称全球最动人心魄的奋斗故事、最引人注目的现代化史诗。从本源上看,中国式现代化是社会主义现代化,体现了科学社会主义的先进本质,而不是抽象的现代化。事实上,正是因为中国式现代化坚守了我们的本和源、根和魂,才能打破"现代化=西方化"的迷思,展现了现代化的另一幅图景,为人类对更好社会制度的探索提供了中国方案。

---

① 《习近平著作选读》第一卷,北京:人民出版社,2023,第20页。

二、创新：在积极识变求变应变中不断推进中国式现代化

中国式现代化是一项开创性事业。这既要求我们以科学的态度对待科学、以真理的精神追求真理，坚持马克思主义基本原理不动摇，坚持党的全面领导不动摇，坚持中国特色社会主义不动摇，同时又要求我们坚持创新是第一动力的理念，坚持创新在我国现代化建设全局中的核心地位，紧跟时代发展步伐，顺应实践发展要求，着眼于解决重大理论和实践问题，以新的理论指导新的实践，以满腔热忱对待一切新生事物，不断拓展认识的广度和深度，敢于说前人没有说过的新话，敢于干前人没有干过的事情，积极识变应变求变，以识变之智准确识变，以应变之能科学应变，以求变之勇主动求变，大力推进改革创新，不断塑造发展新动能、新优势，充分激发全社会创造活力。

中华民族伟大复兴，绝不是轻轻松松、敲锣打鼓就能实现的，中国式现代化同样是一项探索性事业，还有许多未知领域，需要我们在实践中大胆探索，深刻洞察世界发展大势，深入探索经济社会发展规律，准确把握人民群众的共同愿望，通过改革创新来推动事业发展，以科学的战略预见未来、引领未来，体现时代性、把握规律性、富于创造性，而决不能刻舟求剑、守株待兔。

推进中国式现代化是一个探索性事业，还有许多未知领域，需要我们在实践中大胆探索。这就要求我们顺应时代发展趋势，坚持把创新摆在国家发展全局的突出位置，不断研究解决我国发展和我们党执政面临的重大理论和实践问题，推动我国加快进入创新

型国家前列。

创新,主要是营造创新氛围,不断推进理论创新、制度创新、科技创新、文化创新等各方面创新,提高创新能力,实现高质量发展。其中,理论创新是社会发展和变革的先导,是各类创新活动的思想灵魂和方法来源;制度创新是持续创新的保障,是激发各类创新主体活力的关键;科技创新是国家竞争力的核心,是提高社会生产力和综合国力的战略支撑;文化创新是一个民族永葆生命力和富有凝聚力的重要基础,是各类创新活动的精神动力。推进中国式现代化,就要不断完善国家创新体系,推进以科技创新为核心的全面创新,促进科技创新与理论创新、制度创新、文化创新等全面融合和持续发展。

三、守正与创新:旨在全面建设社会主义现代化强国、全面推进中华民族伟大复兴

当今,我国发展面临新的历史特点,并具体体现为新的战略机遇、新的战略任务、新的战略阶段、新的战略要求、新的战略环境。在这一历史背景之下,推进中国式现代化,正确处理好守正与创新的重大关系,关键在于科学擘画全面建设社会主义现代化国家战略布局,构建社会主义现代化国家大厦的"四梁八柱"。其内容主要是:高质量发展是全面建设社会主义现代化国家的首要任务;人民民主是社会主义的生命,是全面建设社会主义现代化国家的题中应有之义;坚持中国特色社会主义文化发展道路,增强文化自信,是全面建设社会主义现代化国家的坚实思想保证和强大精神

支撑；增进民生福祉，提高人民生活品质，是全面建设社会主义现代化国家的重大原则要求；尊重自然、顺应自然、保护自然，是全面建设社会主义现代化国家的内在要求；教育、科技、人才是全面建设社会主义现代化国家的基础性、战略性支撑；全面依法治国是国家治理的一场深刻革命，是全面建设社会主义现代化国家的重要保障；国家安全、社会稳定、人民安宁，是全面建设社会主义现代化国家的基础，是重要内容也是重要保障；如期实现建军一百年奋斗目标，加快把人民军队建成世界一流军队，是全面建设社会主义现代化国家的战略要求；全面建设社会主义现代化国家，实现中华民族伟大复兴，港澳台都是不可或缺的见证者、参与者、分享者；全面建设社会主义现代化国家，需要一个相对和平的国际环境和更加宽阔的世界舞台；全面建设社会主义现代化国家、全面推进中华民族伟大复兴，关键在党；等等。

推进中国式现代化，正确处理好守正与创新的重大关系，旨在贯彻落实分两步走的总的战略安排：从2020年到2035年，基本实现社会主义现代化；从2035年到21世纪中叶，把我国建设成为富强民主文明和谐美丽的社会主义现代化强国。在世界历史的坐标系中，也就是把我国建设成为综合国力和国际影响力领先的社会主义现代化强国。我国全面建成社会主义现代化强国之日，就是实现中华民族复兴之时。在党的二十大闭幕之后不久的2022年10月28日，习近平总书记来到河南安阳林州市红旗渠纪念馆，强调，实现第二个百年奋斗目标也就是一两代人的事，我们正逢其时、不可辜负,要作出我们这一代的贡献。①

中国式现代化的实践探索和不断推进,就是一个在继承中发展、在守正中创新的历史过程。全面推进中国式现代化,守正才能保持航向、大道其光,创新才能活力无限、扬帆远航。

---

① 参见《全面推进乡村振兴　为实现农业农村现代化而不懈奋斗》,《人民日报》2022年10月29日第1版。

新发展理念是现代化建设的指导原则

新发展理念来自新时代中国发展实践的总结,又引领着新时代中国发展实践的深化。新发展理念不仅推动了新时代中国发展的深刻变革,也必将重构新时代中国社会的发展逻辑。

必须完整、准确、全面贯彻新发展理念,更加崇尚创新、注重协调、倡导绿色、厚植开放、推进共享,不断促进创新成为第一动力、协调成为内生特点、绿色成为普遍形态、开放成为必由之路、共享成为根本目的,从而在知行合一中确保全面建设社会主义现代化国家开好局、起好步。

习近平总书记在省部级主要领导干部学习贯彻党的十九届五中全会精神专题研讨班开班式上明确提出,进入新发展阶段明确了我国发展的历史方位,贯彻新发展理念明确了我国现代化建设的指导原则,构建新发展格局明确了我国经济现代化的路径选择。[1] 在马克思主义的视域中,理论创新就是"思想的闪电",

---

[1] 参见《深入学习坚决贯彻党的十九届五中全会精神　确保全面建设社会主义现代 化国家开好局》,《人民日报》2021年1月12日第1版。

理念是行动的先导,一定的发展实践都是一定的发展理念引领的。发展理念是否科学、正确,从根本上决定着发展的成效乃至成败。就此而论,贯彻新发展理念既明确了我国现代化建设的指导原则,也决定着能否实现更高质量、更有效率、更加公平、更可持续、更为安全的发展。

一、新发展理念是一个不断丰富、系统的理论体系

发展是人类社会的永恒主题,是世界各国的共同问题。作为发展中国家的执政党,在领导人民治国理政的实践中,我们党要回答并要持续回答"实现什么样的发展、怎样发展"这个重大问题。

党的十八大以来,以习近平同志为核心的党中央提出一系列新理念新思想新战略,其中,发展理念具有战略性、纲领性、引领性的显著特性,是指挥棒、红绿灯。在党的十八届五中全会上,习近平总书记提出要牢固树立并切实贯彻创新、协调、绿色、开放、共享的发展理念,并强调这是关系我国发展全局的一场深刻变革,必须充分认识这场变革的重大现实意义和深远历史意义。① 从那时以来,新发展理念的内涵不断丰富,意义不断彰显。

在新发展理念中,创新发展注重的是解决发展动力问题。从近代以来世界发展的历程来看,一个国家和民族的创新能力,从根本上影响甚至决定国家和民族前途命运。谁在创新上先行一步,谁

---

① 参见《中共十八届五中全会在京举行》,《人民日报》2015年10月30日第1版。

就能拥有引领发展的主动权。习近平总书记反复强调,抓创新就是抓发展,谋创新就是谋未来。协调发展注重的是解决发展不平衡问题。协调是发展两点论和重点论、发展平衡和不平衡、发展短板和潜力的有机统一。协调既是发展手段也是发展目标,同时还是评价发展的标准和尺度。绿色发展注重的是解决人与自然和谐共生问题。"绿水青山就是金山银山",是绿色发展的真谛,旨在走向生态文明新时代。开放发展注重的是解决发展内外联动问题。历史证明,我国选择了正确方向,大胆对外开放、勇毅走向世界;历史将再次证明,我国再次选择了正确方向,加快构建以国内大循环为主体、国内国际双循环相互促进的新发展格局。共享发展注重的是解决社会公平正义问题。共享,体现了逐步实现人民共同富裕的要求,体现了我们党全心全意为人民服务的根本宗旨,体现了人民是推动发展的根本力量的唯物史观。

新发展理念,新在哪里?新发展理念不是可以互相替代、更不是彼此孤立的五个概念,而是一个系统的理论体系。新发展理念集中回答了关于发展的目的、动力、方式、路径等一系列理论和实践问题,阐明了我们党关于发展的政治立场、价值导向、发展模式、发展道路等重大政治问题。新发展理念提供了管全局、管根本、管长远的导向和遵循。新理念呼唤新行为。党的十八大以来,新发展理念引领我国发展全局特别是经济发展取得历史性成就、发生历史性变革。

二、新发展理念是我国现代化建设的指导原则

现代化是人类进步的必由之路,但每个国家都有权选择适合自己的现代化道路。强调贯彻新发展理念是我国现代化建设的指导原则,这是由我国现代化建设的新意蕴所决定的。中国式现代化既具有量的规定性,也具有质的规定性,归根到底是人类社会发展史上一条社会主义现代化新路。

中国式现代化新路,新在它是充分体现基本国情和具体实际的现代化,特别是人口规模巨大的现代化。中国的基本国情是社会主义初级阶段。全面建设社会主义现代化国家,基本实现现代化,既是社会主义初级阶段我国发展的要求,也是我国社会主义从初级阶段向更高阶段迈进的要求。同时,中国是世界上最大的发展中国家,拥有14亿人口。中国的现代化主题,就是在这种条件和基础上真正做到大而强、富而强,实现对世界和时代的引领。

中国式现代化新路,新在它是全体人民共同富裕的现代化。共同富裕是社会主义的本质要求,是人民群众的共同期盼。推动经济社会发展,归根到底是要实现全体人民共同富裕。中国的现代化,不仅要实现经济实力、科技实力、综合国力的大幅跃升,而且要聚焦聚力解决人民日益增长的美好生活需要和不平衡不充分的发展之间的矛盾这一社会主要矛盾,使城乡区域发展差距、居民生活水平差距显著缩小,基本公共服务实现均等化,不断提升人民的获得感、幸福感和安全感,逐步实现人民共同富裕、人民生活更加美好。

中国式现代化新路,新在它是物质文明、精神文明、政治文明、

社会文明、生态文明相协调的现代化。统筹推进"五位一体"总体布局,把我国建设成为富强民主文明和谐美丽的社会主义现代化强国,实现中华民族伟大复兴,既是全面建设社会主义现代化国家之后的更高要求、更远目标,也是中国现代化建设的题中应有之义。

中国式现代化新路,新在它是人与自然和谐共生的现代化。中国式现代化,不能走"先污染后治理""边污染边治理"的老路,而是要把生态文明建设融入整个现代化建设之中,践行"绿水青山就是金山银山"的理念,加快转变经济发展方式,守住自然生态安全边界,建设富而美的社会主义现代化强国。

中国式现代化新路,新在它是坚持走和平发展道路的现代化。中国式现代化不是让少数人无限攫取利润的现代化,而是以人民为中心的现代化,是实现人的全面发展、社会全面进步的现代化。这就决定了中国所走的现代化道路必然是自力更生、艰苦奋斗之路,独立自主、和平发展之路,既要争取和平的国际环境发展自己,又要通过自身发展促进世界和平,推动构建人类命运共同体。

中国具有自己独特的历史命运、文化传统、现实国情,中国的现代化不可能模仿他人、依附他人,更不可能拿自己的核心利益做交易。对于实现什么样的现代化、如何实现现代化,中国共产党有自己的独立判断和价值标准。我们要建设的现代化,是社会主义的现代化,而不是什么别的现代化;我们要建设的现代化国家,是社会主义现代化国家。中国式现代化已经证明也必将继续证明:创新、协调、绿色、开放、共享的发展理念,既是我国现代化建设的指导原则,也是新发展阶段我国现代化建设的必由之路。

三、把握和贯彻新发展理念的维度和路径

新发展理念来自新时代中国发展实践的总结，又引领着新时代中国发展实践的深化。新发展理念不仅推动了新时代中国发展的深刻变革，也必将重构新时代中国社会的发展逻辑。只有完整、准确、全面把握和贯彻新发展理念，才能把新发展理念贯穿发展全过程和各领域，这就要求我们按照习近平总书记的部署把握好贯彻新发展理念的出发点和落脚点、着眼点和着力点。

把握新发展理念，必须始终秉持根本宗旨。人民是我们党执政的最深厚基础和最大底气。新发展理念彰显了人民至上的根本政治立场。为人民谋幸福、为民族谋复兴，这既是我们党领导现代化建设的出发点和落脚点，也是新发展理念的"根"和"魂"。党的十八大以来，以习近平同志为核心的党中央把"人民对美好生活的向往"[①]作为奋斗目标，提出"抓民生也是抓发展"[②]的重要论断，彰显了坚持以人民为中心的发展思想和价值取向，其思想内核和实践方向就是坚持发展为了人民、发展依靠人民、发展成果由人民共享。创新发展是为了给人民群众创造更高水平、更有质量的生活，增进人民福祉，促进人的全面发展；协调发展是为了自觉主动解决地区差距、城乡差距、收入差距等问题，不断增强人民群众获得感、幸福感、安全感；绿色发展是为了让良好生态环境成为人民

[①] 《习近平谈治国理政》第一卷，北京：外文出版社，2018，第424页。
[②] 《习近平谈治国理政》第二卷，北京：外文出版社，2017，第362页。

生活质量的增长点；开放发展是为了让人民群众在更大范围内、更高水平上分享经济全球化的巨大红利；共享发展是为了让中国社会的发展朝着共同富裕的方向稳步前进，使全体人民共同富裕取得更为明显的实质性进展。只有从根本宗旨的维度把握新发展理念，才能树立正确的发展观、现代化观。

把握新发展理念，必须始终坚持问题导向。问题导向是我们党一以贯之的务实品格。我国发展已经站在新的历史起点上，我们要根据新发展阶段的新要求，坚持问题导向。问题是实践的起点、创新的起点，问题是发展的源泉和动力。发现问题、研究问题、解决问题的能力和水平，是检验一个政党执政能力和政治定力的晴雨表、试金石。新发展理念不仅着眼于解决为什么发展的问题，更致力于解决如何发展的问题。最重要的是聚焦进入新发展阶段我们党执政和国家发展面临的重大理论和实践问题，善于具体问题具体分析，透过现象看本质，抓住主要矛盾和矛盾的主要方面，明确有效破解问题的主攻方向。因此，我们要更加精准地贯彻新发展理念，举措要更加精准务实，通过创新发展激发动力，通过协调发展实现平衡，通过绿色发展修复和维系生态，通过开放发展推动合作、构建双循环新发展格局，通过共享发展凝聚人心，切实解决好发展不平衡不充分的问题，真正实现高质量发展，且行稳致远。

把握新发展理念，必须始终保持忧患意识。"于安思危，于治忧乱。""备豫不虞，为国常道。"随着我国社会主要矛盾变化和国际力量对比深刻调整，考虑到未来一个时期外部环境中不稳定不确定因素较多，各种可以预见和难以预见的狂风暴雨、惊涛骇浪会迎面而来,我们必须增强机遇意识和风险意识,树立忧患意识,坚持底线思维,随时准备应对更加复杂更加困难的局势,下先手棋,打主动仗,在危机中育先机,在变局中开新局。彩虹和风雨共生,机遇和挑战并存,这是亘古不变的辩证法则。我们要遵循坚持系统观念的原则,辩证处理政府与市场的关系,坚持全国一盘棋,全面协调推动各领域工作和社会主义现代化建设;要统筹安全和发展,坚持政治安全、人民安全、国家利益至上有机统一,既要敢于斗争,也要善于斗争,立足自我,全力办好自己的事情,全面做强自己,锲而不舍实现我们的既定目标。越是接近目标,越是需要保持忧患意识,增强斗争精神。所有这些,都是新发展理念在新发展阶段的创造性坚持和创新性运用。

"知之愈明,则行之愈笃。"进入新发展阶段,构建新发展格局,实现高质量发展,我们必须完整、准确、全面贯彻新发展理念,更加崇尚创新、注重协调、倡导绿色、厚植开放、推进共享,不断促进创新成为第一动力、协调成为内生特点、绿色成为普遍形态、开放成为必由之路、共享成为根本目的,从而在知行合一中确保全面建设社会主义现代化国家开好局、起好步,推动社会主义现代化壮阔事业不断开辟新境界、创造新辉煌。

全面建设社会主义现代化国家战略布局的科学性和必然性、中国意义和世界意义

现代化是人类社会发展、人类文明进步的必由之路，实现现代化是各个国家、各国人民始终向往和不懈追求的目标愿景。在百余年奋斗历程中，中国共产党所做的一切，都是为实现现代化创造条件。中华人民共和国成立后，建设社会主义现代化国家是从第一个五年计划到第十四个五年规划一以贯之的主题。改革开放以来，中国共产党提出全面开创社会主义现代化建设新局面，制定了建设社会主义现代化国家的任务书、路线图和时间表。中国共产党人的事业是接力赛跑。进入21世纪以来，中国共产党致力全面建设小康社会，并实现了全面建成小康社会第一个百年奋斗目标，中华民族千年梦想成真。习近平总书记在党的二十大报告中指出："从现在起，中国共产党的中心任务就是团结带领全国各族人民全面建成社会主义现代化强国、实现第二个百年奋斗目标，以中国式现代化全面推进中华民族伟大复兴。"① 新时代新征程，围绕这一中心任务，党

---

① 《习近平著作选读》第一卷，北京：人民出版社，2023，第18页。

的二十大对全面建设社会主义现代化国家战略布局进行了科学擘画,制定了系统、具体、清晰的任务书、施工图和时间表。这充分彰显了中国共产党人的清醒和坚定、使命担当和战略自信。

一、中国式现代化理论是全面建设社会主义现代化国家战略布局的理论支撑

"现代化"一词,最早产生于18世纪的欧洲,是指工业革命以来人类社会在经济、政治、文明等方面由传统向现代转变的过程。就世界范围而言,在现代化的历史进程中,中国是后来者。1840年鸦片战争以后,中国逐步成为半殖民地半封建社会,这就决定了中国既没有走资本主义现代化道路的可能,更不具备走社会主义现代化道路的条件。因此,孙中山曾梦想"乘时一跃而登中国于富强之域,跻斯民于安乐之天"①,但他拟定的《建国方略》也只能是现代化的设想;1933年《申报月刊》关于现代化问题的谈论也只能是知识阶层的纸上研讨。中国共产党一经诞生,就把争取民族独立、人民解放和实现国家富强、人民幸福作为自己的初心使命,就把在中国大地上实现现代化、走出落后状态作为自己的初始动力。中国共产党团结带领中国人民完成了新民主主义革命、创立了中华人民共和国、执掌了全国政权以后,多次提出和调整社会主义现代化的奋斗目标、建设内容和战略步骤,对如何实现社会主义现代

---

① 孙中山:《建国方略》,上海:生活·读书·新知三联书店,2014,第2页。

化进行了极富成效的探索,积淀了弥足珍贵的经验。毛泽东指出:"我们能够学会我们原来不懂的东西。我们不但善于破坏一个旧世界,我们还将善于建设一个新世界。"[1]目前实施的《中华人民共和国宪法》依然保留着"逐步实现工业、农业、国防和科学技术的现代化"的内容;邓小平提出的"中国式的现代化"[2]依然给予我们在不同背景和语境下进行思考的启迪。

现代化的伟大实践呼唤现代化的科学理论。党的十八大以来,以习近平同志为核心的党中央聚焦聚力实现全面建成小康社会的奋斗目标,同时着眼着手全面建设社会主义现代化国家的远景和前景的开局起步。在党的二十大报告中,习近平总书记集中概括了中国式现代化的中国特色、本质要求和重大原则,初步构建了中国式现代化的理论体系,为全面建设社会主义现代化国家战略布局提供了理论支撑。

在中华人民共和国成立以来特别是改革开放以来长期探索和实践的基础上,经过党的十八大以来在理论和实践上的创新突破,我们党成功推进和拓展了中国式现代化。

中国式现代化,既有各国现代化的共同特征,更有基于自己国情的中国特色,具有独特的本质要求,同时蕴含着历史逻辑、现实

---

[1]《毛泽东选集》第四卷,北京:人民出版社,1991,第1439页。

[2] 中共中央文献研究室编:《邓小平年谱(1975—1997)》(上),北京:中央文献出版社,2004,第497页。

路径和时代意义。

中国式现代化是人口规模巨大的现代化。中国是一个拥有14亿多人口的大国和发展中国家,正处于并将长期处于社会主义初级阶段。迄今为止,世界上实现工业化的国家不超过30个,人口总数不超过10亿。中国整体迈进现代化社会,这在人类发展史上前所未有,同时,其艰巨性和复杂性前所未有,这就注定了中国式现代化的发展途径和推进方式必然具有自己的特点,归根到底就是要激发14亿多中国人民携手奋斗,既不好高骛远,也不因循守旧,保持历史耐心,坚持稳中求进、循序渐进、持续推进。

中国式现代化是全体人民共同富裕的现代化。共同富裕是社会主义的本质要求,也是人民群众的共同期盼,更是一个长期的历史过程。"治国之道,富民为始。"中国已经打赢脱贫攻坚战、全面建成小康社会,新征程要继续扎实推进全体人民共同富裕。实现人民对美好生活的向往是现代化建设的出发点和落脚点。坚持市场和政府相结合、效率和公平相统一,在做大蛋糕的同时分好蛋糕,打造橄榄型分配结构,使中等收入群体在未来15年超过8亿,这不仅将为国内大循环提供强大动力、为实现中国式现代化奠定坚实基础,也将为世界经济发展提供巨大的中国机遇。

中国式现代化是物质文明和精神文明相协调的现代化。物质富足、精神富有是社会主义现代化的根本要求。物质贫困不是社会主义,精神贫乏也不是社会主义。我们不断厚植现代化的物质基础,不断夯实人民幸福生活的物质条件,同时大力发展社会主义先进文化,加强理想信念教育,传承中华文明,促进物的全面丰富和人的全面发展。当高楼大厦在中国大地上遍地林立时,中华民族精神的大厦也应该和能够巍然耸立。这是一幅"家家仓廪实衣食足""人人知礼节明荣辱"的美好未来图景。

中国式现代化是人与自然和谐共生的现代化。人与自然是生命共同体,无止境地向自然索取甚至破坏自然必然会遭到大自然的报复。我们坚持可持续发展,促进经济社会发展全面绿色转型,坚持节约优先、保护优先、自然恢复为主的方针,像保护眼睛一样保护自然和生态环境,山水林田湖草沙一体化治理,坚定不移走生产发展、生活富裕、生态良好的文明发展道路,坚定履行"力争2030年前实现碳达峰、2060年前实现碳中和的目标"的庄严承诺,建设天蓝、地绿、水清的美丽中国,实现中华民族永续发展的千年大计。人类只有一个地球,保护自然和生态环境是必答题。这是对中国负责,也是对世界负责。

中国式现代化是走和平发展道路的现代化。我们坚定站在历史正确的一边、站在人类文明进步的一边,高举和平、发展、合作、共赢旗帜,在坚定维护世界和平与发展中谋求自身发展,又以自身发展更好维护世界和平与发展,建设持久和平、普遍安全、共同繁荣、开放包容、清洁美丽的世界。中国人民最希望看到的是和平稳定。走和平发展道路是根据中国人民根本利益作出的战略抉择,也是各国人民的共同心声。

中国式现代化,不是国外现代化的翻版。它摒弃了西方以资本为中心的现代化、两极分化的现代化、物质主义膨胀的现代化、对外扩张掠夺的现代化老路。一个有着五千多年文明史的大国迈上全面建设社会主义现代化国家新征程,堪称全球最动人心魄的奋斗故事、最引人注目的文明史诗。拥有占世界近20%人口的大国实现现代化,不仅将极大助推世界现代化进程、丰富世界现代化意涵,也将为人类和平与发展事业贡献中国智慧、中国方案、中国力量。

在强调中国式现代化的中国特色的同时,习近平总书记在党的二十大报告中创造性提出了中国式现代化的本质要求,即"坚持中国共产党领导,坚持中国特色社会主义,实现高质量发展,发展全过程人民民主,丰富人民精神世界,实现全体人民共同富裕,促进人与自然和谐共生,推动构建人类命运共同体,创造人类文明新形态"[1]。这一创新性概括,是我们党深刻总结我国和世界其他国家现代化建设的历史经验,对我国这样一个发展中大国如何加快实现现代化在认识上不断深入、战略上不断成熟、实践上不断丰富而形成的思想理论结晶。其中,坚持和加强党的全面领导是中国式现代化的根本保证。中国共产党领导,是中国式现代化最鲜明的特征和最突出的优势,是推进中国式现代化必须坚持的最高原则。坚持中国特色社会主义是中国式现代化的前进方向。社会主义制度,决定了中国式现代化的基本性质和未来走向。中国特色社会主义是社会主义而不是其他什么主义。中国特色社会主义道路是实现社会主义现代化的必由之路。坚持中国特色社会主义,是中国式

---

[1]《习近平著作选读》第一卷,北京:人民出版社,2023,第20页。

现代化同西方现代化道路的根本区别,是推进中国式现代化的最本质要求。实现高质量发展是中国式现代化的内在要求,发展全过程人民民主是中国式现代化的制度优势,丰富人民精神世界是中国式现代化的文化力量,实现全体人民共同富裕是中国式现代化的价值目标,促进人与自然和谐共生是中国式现代化的生态基础,它们共同构成把我国建成富强民主文明和谐美丽的社会主义现代化强国的基本内容。推动构建人类命运共同体是中国式现代化的天下情怀和外部支撑,创造人类文明新形态是中国式现代化的历史意义和世界贡献。

中国式现代化的理论体系的创立,是对西方现代化理论的超越,是对世界现代化版图的重构,同时使中国式现代化更加清晰、更加科学、更加可感可行,为全面建设社会主义现代化国家战略布局奠定了坚实的理论支撑,内涵丰富而厚重,意义重大而深远。中国式现代化,归根到底是中国共产党领导的社会主义现代化,而不是别的什么现代化。中国式现代化建设的现代化国家,归根到底是中国共产党领导的社会主义现代化国家,而不是别的什么现代化国家。这也是全面建设社会主义现代化国家战略布局的科学性和必然性的根基之所在。

二、任务书、施工图和时间表构筑起全面建设社会主义现代化国家战略布局

善弈者谋势,善治者谋全局。习近平总书记指出:"要强化战

略思维,保持战略定力,把谋事和谋势、谋当下和谋未来统一起来,牢牢掌握战略主动权。"①党的二十大,是在全党全国各族人民迈上全面建设社会主义现代化国家新征程、向第二个百年奋斗目标进军的关键时刻召开的一次十分重要的大会。由此,全面建设社会主义现代化国家真正由"大写意"进入"工笔画"阶段即聚焦聚力施工阶段,这就意味着全面建设社会主义现代化国家战略布局真正在设想设计层面的基础上具有了操作实施层面的意义,充分体现了党对中国式现代化规律性认识的深化和实践的主动。

全面建设社会主义现代化国家,是一项具有战略意义的系统工程,是一项具有伟大意义的艰巨事业,前途光明,任重道远。我们要正确处理好顶层设计与实践探索、战略与策略、守正与创新、效率与公平、活力与秩序、自立自强与对外开放等一系列重大关系。我们要坚定信心、锐意进取,主动识变应变求变,主动防范化解风险,不断夺取全面建设社会主义现代化国家新胜利。

党的二十大在谋划未来的目标任务和行动纲领时,深刻分析了我国发展面临的新的历史特点,包括新的战略机遇、新的战略任务、新的战略阶段、新的战略要求、新的战略环境。具体来说,党已经走过创造辉煌的一百年,正团结带领人民承前启后、继往开来、在新的历史条件下继续夺取中国特色社会主义伟大胜利,我国发

---

① 习近平:《新发展阶段贯彻新发展理念必然要求构建新发展格局》,《求是》2022年第17期。

展面临新的战略机遇;党团结带领人民实现了第一个百年奋斗目标,迈上了全面建设社会主义现代化国家、实现第二个百年奋斗目标新征程,我国发展面临新的战略任务;中华民族伟大复兴取得历史性成就,进入了乘势而上、确保中华民族伟大复兴不被迟滞甚至打断的关键时期,我国发展面临新的战略阶段;中国特色社会主义新时代已经走过第一个十年,必须继续开创新时代中国特色社会主义事业新局面,我国发展面临新的战略要求;百年变局和全球化逆流相互交织,世界进入新的动荡变革期,世界和平与发展面临严峻挑战,外部环境更加不稳定不确定,各种"黑天鹅""灰犀牛"事件随时可能发生,我国发展面临新的战略环境。

新形势决定新任务。善于分析形势,长于研判任务,同样是中国共产党人的特点和优点。党的十五大首次提出"在中国共产党成立一百年时全面建成小康社会,在新中国成立一百年时建成富强民主文明和谐的社会主义现代化国家"。此后,党的十六大、十七大、十八大均对"两个一百年"奋斗目标作了强调和安排。党的十九大清晰擘画全面建成社会主义现代化强国的时间表、路线图,即在2020年全面建成小康社会、实现第一个百年奋斗目标的基础上,再奋斗十五年,在2035年基本实现社会主义现代化;从2035年到21世纪中叶,在基本实现现代化的基础上,再奋斗十五年,把我国建成富强民主文明和谐美丽的社会主义现代化强国。"强国"由此进入宏伟蓝图和人们视域。在党的十九大作出的分两步走全面建成社会主义现代化强国战略安排的基础上,党的二十大进一步对2035年和21世纪中叶的发展目标作出宏观展望,重点部署了今后五年的战略任务和重大举措。未来五年是全面建设社会主义现代化国家开局起步的关键时期。开局决定全局,起步决定后势。开好局起好步,对于实现第二个百年奋斗目标至关重要。"中国特色社会主义进入新时代,我国社会主要矛盾已经转化为人民日益增长的美好生活需要和不平衡不充分的发展之间的矛盾。"①党的二十大紧紧围绕全面建设社会主义现代化国家谋篇布局,紧紧抓住解决不平衡不充分的发展问题,着眼补短板、强弱项、固底板、扬优势,作出一系列战略部署,提出一系列创新举措。

高质量发展是全面建设社会主义现代化国家的首要任务。发展是党执政兴国的第一要务。没有坚实的物质技术基础,就不可能全面建成社会主义现代化强国。因此,必须完整、准确、全面贯彻新发展理念,坚持社会主义市场经济改革方向,坚持高水平对外开放,加快构建以国内大循环为主体、国内国际双循环相互促进的新发展格局。加快构建新发展格局、坚持以推动高质量发展为主题,必须着力构建高水平社会主义市场经济体制、建设现代化产业体系、全面推进乡村振兴、促进区域协调发展、推进高水平对外开放。在这些方面,党的二十大报告提出了许多新要求和新举措,诸如把实施扩大内需战略同深化供给侧结构性改革有机结合起来,增强国内大循环内生动力和可靠性,提升国际循环质量和水平;加快建设现代化经济体系,着力提高全要素生产率,着力提升产业链供应链

---

① 《习近平著作选读》第二卷,北京:人民出版社,2023,第9页。

韧性和安全水平，着力推进城乡融合和区域协调发展，推动经济实现质的有效提升和量的合理增长，等等。

人民民主是社会主义的生命，是全面建设社会主义现代化国家的题中应有之义。人民立场是中国共产党的根本政治立场，是马克思主义政党区别于其他政党的显著标志。我国是工人阶级领导的、以工农联盟为基础的人民民主专政的社会主义国家，国家一切权力属于人民。全过程人民民主是社会主义民主政治的本质属性，是最广泛、最真实、最管用的民主。因此，必须坚定不移走中国特色社会主义政治发展道路，坚持党的领导、人民当家作主、依法治国有机统一；坚持人民主体地位，充分体现人民意志、保障人民权益、激发人民创造活力，巩固和发展生动活泼、安定团结的政治局面。发展全过程人民民主、保障人民当家作主，必须着力加强人民当家作主制度保障、全面发展协商民主、积极发展基层民主、巩固和发展最广泛的爱国统一战线。在这些方面，党的二十大报告提出了一些重大思想和重大举措，诸如拓展民主渠道，扩大人民有序政治参与，丰富民主形式，保证人民依法实行民主选举、民主协商、民主决策、民主管理、民主监督，等等。

坚持中国特色社会主义文化发展道路，增强文化自信，是全面建设社会主义现代化国家的坚实思想保证和强大精神支撑。中国特色社会主义是全面发展、全面进步的伟大事业。没有社会主义文化繁荣发展，就没有社会主义现代化。推动高质量发展，文化是重要支点；满足人民日益增长的美好生活需要，文化是重要因素；战胜前进道路上各种风险挑战考验，文化是重要力量源泉。推进文化自信自强、铸就社会主义文化新辉煌,必须着力建设具有强大凝聚力和引领力的社会主义意识形态、广泛践行社会主义核心价值观、提高全社会文明程度、繁荣发展文化事业和文化产业、增强中华文明传播力影响力。在这些方面,党的二十大报告提出了新使命和新内容,诸如围绕举旗帜、聚民心、育新人、兴文化、展形象建设社会主义文化强国,发展面向现代化、面向世界、面向未来的,民族的科学的大众的社会主义文化,激发全民族文化创新创造活力,增强实现中华民族伟大复兴的精神力量;牢牢掌握党对意识形态工作领导权,巩固壮大奋进新时代的主流思想舆论;弘扬以伟大建党精神为源头的中国共产党人精神谱系,用社会主义核心价值观铸魂育人;在全社会弘扬劳动精神、奋斗精神、奉献精神、创造精神、勤俭节约精神;加大文物和文化遗产保护力度,推进文化和旅游深度融合发展;全面提升国际传播效能,推动中华文化更好走向世界;等等。

增进民生福祉,提高人民生活品质,是全面建设社会主义现代化国家的重大原则要求。治国有常,利民为本。社会主义现代化,一头连着经济发展,一头连着民生福祉。为民造福是立党为公、执政为民的本质要求。因此,必须坚持在发展中保障和改善民生,鼓励共同奋斗创造美好生活,不断实现人民对美好生活的向往。增进民生福祉、提高人民生活品质,必须着力完善分配制度、实施就业优先战略、健全社会保障体系、推进健康中国建设。在这些方面,特别是针对人民群众急难愁盼问题,党的二十大报告提出了一系列惠民生、暖民心的政策举措,诸如健全基本公共服务体系,提高公共服务水平,增强均衡性和可及性,扎实推进共同富裕,等等。

尊重自然、顺应自然、保护自然,是全面建设社会主义现代化国家的内在要求。 大自然是人类赖以生存发展的基本条件。因此,必须牢固树立和践行"绿水青山就是金山银山"的理念,统筹产业结构调整、污染治理、生态保护,应对气候变化,协同推进降碳、减污、扩绿、增长,推进生态优先、节约集约、绿色低碳发展。推动绿色发展、促进人与自然和谐共生,必须着力加快发展方式绿色转型,深入推进环境污染防治,提升生态系统多样性、稳定性、持续性,积极稳妥推进碳达峰、碳中和。在这些方面,党的二十大报告提出,推动经济社会发展绿色化、低碳化,实施全面节约战略,发展绿色低碳产业;持续深入打好蓝天、碧水、净土保卫战,推进城乡人居环境整治;加快实施重要生态系统保护和修复重大工程,科学开展大规模国土绿化行动,推行草原森林河流湖泊湿地休养生息;有计划分步骤实施碳达峰行动,深入推进能源革命,积极参与应对气候变化全球治理,等等。

教育、科技、人才是全面建设社会主义现代化国家的基础性、战略性支撑。 新征程,开辟发展新领域新赛道,不断塑造发展新动能新优势,必须坚持科技是第一生产力、人才是第一资源、创新是第一动力,坚持教育优先发展、科技自立自强、人才引领驱动,加快建设教育强国、科技强国、人才强国。实施科教兴国战略、强化现代化建设人才支撑,必须着力办好人民满意的教育,完善科技创新体系,加快实施创新驱动发展战略,深入实施人才强国战略。

全面依法治国是国家治理的一场深刻革命,是全面建设社会主

义现代化国家的重要保障。全面依法治国关系党执政兴国,关系人民幸福安康,关系党和国家长治久安。因此,必须更好发挥法治固根本、稳预期、利长远的保障作用,在法治轨道上全面建设社会主义现代化国家。坚持全面依法治国,推进法治中国建设,必须着力完善以宪法为核心的中国特色社会主义法律体系,扎实推进依法行政,严格公正司法,加快建设法治社会。

国家安全、社会稳定、人民安宁,是全面建设社会主义现代化国家的基础,既是重要内容也是重要保障。国家安全是民族复兴的根基,社会稳定是国家强盛的前提,人民安宁是人民幸福的彰显。因此,必须坚定不移贯彻总体国家安全观,把维护国家安全贯穿党和国家工作各方面全过程,统筹发展和安全,统筹内部安全和外部安全,统筹传统安全和非传统安全,夯实国家安全和社会稳定基层基础,建设更高水平的平安中国,以新安全格局保障新发展格局。推进国家安全体系和能力现代化,坚决维护国家安全和社会稳定,必须着力健全国家安全体系,增强维护国家安全能力,提高公共安全治理水平,完善社会治理体系,筑牢国家安全屏障。

如期实现建军一百年奋斗目标,加快把人民军队建成世界一流军队,是全面建设社会主义现代化国家的战略要求。强国必须强军,军强才能国安。中华民族走出苦难、中国人民实现解放,有赖于一支英雄的人民军队;中华民族实现伟大复兴,中国人民实现更加美好生活,必须加快把人民军队建设成为世界一流军队。国防和军队现代化进程必须同国家现代化进程相适应,军事实力必须同中华民族伟大复兴的战略需求相适应。实现建军一百年奋斗目标,开创国防和军队现代化新局面,必须加快军事理论现代化、军队组织形态现代化、军事人员现代化、武器装备现代化,提高捍卫国家主权、安全、发展利益战略能力,有效履行新时代人民军队使命任务;必须着力全面加强人民军队党的建设,全面加强练兵备战,全面加强军事治理,巩固提高一体化国家战略体系和能力。

全面建设社会主义现代化国家,实现中华民族伟大复兴,港澳台都是不可或缺的见证者、参与者、分享者。"一国两制"是中国特色社会主义的伟大创举。必须着力坚持和完善"一国两制"制度体系,落实中央全面管治权,落实"爱国者治港""爱国者治澳"原则,支持香港、澳门发展经济、改善民生;坚持贯彻新时代党解决台湾问题的总体方略,坚持一个中国原则和"九二共识",团结广大台湾同胞共同推动两岸关系和平发展。推进祖国和平统一进程,坚决粉碎各种"台独"图谋。

全面建设社会主义现代化国家,需要一个相对和平的国际环境和更加宽阔的世界舞台。我们所处的时代是一个充满挑战的时代,也是一个充满希望的时代。中国的发展需要和平的外部环境,同时,中国的发展也是世界和平力量的增长。促进世界和平与发展,推动构建人类命运共同体,必须着力坚定奉行独立自主的和平外交政策,坚持在和平共处五项原则基础上同各国发展友好合作,坚持对外开放的基本国策、坚定奉行互利共赢的开放战略,积极参与全球治理体系改革和建设,弘扬全人类共同价值,同世界人民携手开创更加美好的未来。

全面建设社会主义现代化国家、全面推进中华民族伟大复兴,

关键在党。党的十八大以来,习近平总书记多次强调,我们党是世界上最大的马克思主义执政党,大就要有大的样子,大也有大的难处。习近平总书记在党的二十大报告中指出,党"要始终赢得人民拥护、巩固长期执政地位,必须时刻保持解决大党独有难题的清醒和坚定"[①]。如何始终不忘初心、牢记使命,如何始终统一思想、统一意志、统一行动,如何始终具备强大的执政能力和领导水平,如何始终保持干事创业精神状态,如何始终能够及时发现和解决自身存在的问题,如何始终保持风清气正的政治生态,都是我们这个大党必须解决的独有难题。十年磨一剑,党的十八大以来全面从严治党,我们解决了党内许多突出问题,特别是反腐败斗争取得压倒性胜利并全面巩固,但还远未到大功告成的时候。党面临的"四大考验""四大危险"将长期存在,因此,必须及时发现、着力解决"七个有之"问题,时刻保持永远在路上的坚韧和执着,进一步增强坚定不移全面从严治党的政治定力,把严的基调、严的措施、严的氛围长期坚持下去,把新时代党的伟大自我革命进行到底,以党的伟大自我革命引领新时代中国特色社会主义伟大社会革命,为实现新时代新征程党的使命任务提供坚强保障。这体现了党对严峻复杂考验的清醒认识、对以党的自我革命引领社会革命的高度自觉。坚定不移全面从严治党,深入推进新时代党的建设新的伟大工程,必须着力坚持和加强党中央集中统一领导,坚持不懈用习近平新

[①]《习近平著作选读》第一卷,北京:人民出版社,2023,第52页。

时代中国特色社会主义思想铸魂育人,完善党的自我革命制度体系,建设堪当民族复兴重任的高素质干部队伍,增强党组织政治功能和组织功能,坚持以严的基调强化正风肃纪,坚决打赢反腐败斗争各类遭遇战、攻坚战、持久战。

新征程,是充满光荣与梦想的远征。新征程已经开启,全面建设社会主义现代化国家战略布局已经构筑,我们要做的就是在每一处特别是关键处落好子,切实做到"落一子而满盘活"。习近平总书记强调,"全党同志务必不忘初心、牢记使命,务必谦虚谨慎、艰苦奋斗,务必敢于斗争、善于斗争"[①],这是新时代新征程的庄严告诫书和政治动员令;"全党必须牢记,坚持党的全面领导是坚持和发展中国特色社会主义的必由之路,中国特色社会主义是实现中华民族伟大复兴的必由之路,团结奋斗是中国人民创造历史伟业的必由之路,贯彻新发展理念是新时代我国发展壮大的必由之路,全面从严治党是党永葆生机活力、走好新的赶考之路的必由之路"[②]。这是我们在长期实践中得出的至关重要的规律性认识,是新时代十年积淀的新鲜经验,是新时代十年我们为什么能够成功的密码;前进道路上,必须牢牢把握以下重大原则,即坚持和加强党的全面领导,坚持中国特色社会主义道路,坚持以人民为中心的发展思想,坚持深化改革开放,坚持发扬斗争精神[③],这是走好新

---

① 《习近平著作选读》第一卷,北京:人民出版社,2023,第1页。
② 《习近平著作选读》第一卷,北京:人民出版社,2023,第57页。
③ 《习近平著作选读》第一卷,北京:人民出版社,2023,第22—23页。

征程之路的根本遵循,是未来怎样才能继续成功的密码。

在党的二十大闭幕之后不久的2022年10月28日,习近平总书记来到河南安阳林州市红旗渠纪念馆,强调实现第二个百年奋斗目标也就是一两代人的事,我们正逢其时、不可辜负,要作出我们这一代的贡献。① 在中华人民共和国成立70周年前夕的2019年5月21日,习近平总书记在主持召开推动中部地区崛起工作座谈会时也曾指出:"未来70年,关键是未来30年。这正好是我们实现'两个一百年'奋斗目标的时间。只要我们保持坚定理想信念和坚强革命意志,就能把一个个坎都迈过去,什么陷阱啊,什么围追堵截啊,什么封锁线啊,把它们通通抛在身后!"② 新征程,全面建设社会主义现代化国家是主题,矢志不渝、笃行不怠,时不我待、只争朝夕,不负时代、不负人民,习近平总书记和新时代中国共产党人念兹在兹。

三、全面建设社会主义现代化国家的中国价值和世界价值

全面建设社会主义现代化国家,是中国共产党治国理政的"四个全面"战略布局的有机组成部分,是起引领作用的战略目标,它本身也构筑起内容丰富的战略布局。2014年12月,习近平总书记在江苏调研时首次提出"四个全面"的概念。2020年10月底,

---

① 参见《全面推进乡村振兴 为实现农业农村现代化而不懈奋斗》,《人民日报》2022年10月29日第1版。

② 《最重要的是做好自己的事情》,《人民日报》2019年5月25日第1版。

伴随着全面建成小康社会即将取得决定性进展,党的十九届五中全会将"全面建成小康社会"调整为"全面建设社会主义现代化国家",对"四个全面"战略布局作出了新的表述。2021年7月1日,在庆祝中国共产党成立100周年大会上,习近平总书记代表党和人民庄严宣告,经过全党全国各族人民持续奋斗,我们实现了第一个百年奋斗目标,在中华大地上全面建成了小康社会,历史性地解决了绝对贫困问题,正在意气风发向着全面建成社会主义现代化强国的第二个百年奋斗目标迈进。由此,中国进入新发展阶段、迈上新征程,协调推进全面建设社会主义现代化国家、全面深化改革、全面依法治国、全面从严治党的战略布局,以全面建设社会主义现代化国家作为擘画未来的鲜明主题和战略引领,并获得新的、更大的自觉和主动,具有重大而深远的中国意义和世界意义。

2012年党的十八大提出,在中国共产党成立一百年时全面建成小康社会,在新中国成立一百年时建成富强民主文明和谐的社会主义现代化国家。2017年党的十九大明确提出,从2020年到2035年,在全面建成小康社会的基础上,再奋斗十五年,基本实现社会主义现代化。到那时,我国经济实力、科技实力将大幅跃升,跻身创新型国家前列;人民平等参与、平等发展权利得到充分保障,法治国家、法治政府、法治社会基本建成,各方面制度更加完善,国家治理体系和治理能力现代化基本实现;社会文明程度达到新的高度,国家文化软实力显著增强,中华文化影响更加广泛深入;人民生活更为宽裕,中等收入群体比例明显提高,城乡区域发展差距和居民生活水平差距显著缩小,基本公共服务均等化基本实现,全体人民共同富裕迈出坚实步伐；现代社会治理格局基本形成，社会充满活力又和谐有序；生态环境根本好转，美丽中国目标基本实现。党的十九大同时明确提出，从2035年到21世纪中叶，在基本实现现代化的基础上，再奋斗十五年，把我国建设成为富强民主文明和谐美丽的社会主义现代化强国。到那时，我国物质文明、政治文明、精神文明、社会文明、生态文明将全面提升，实现国家治理体系和治理能力现代化，成为综合国力和国际影响力领先的国家，全体人民共同富裕基本实现，我国人民将享有更加幸福安康的生活，中华民族将以更加昂扬的姿态屹立于世界民族之林。

2022年，党的二十大再次强调，全面建成社会主义现代化强国，总的战略安排是分两步走：从2020年到2035年基本实现社会主义现代化；从2035年到21世纪中叶把我国建成富强民主文明和谐美丽的社会主义现代化强国。到2035年，我国发展的总体目标是：经济实力、科技实力、综合国力大幅跃升，人均国内生产总值迈上新的大台阶，达到中等发达国家水平；实现高水平科技自立自强，进入创新型国家前列；建成现代化经济体系，形成新发展格局，基本实现新型工业化、信息化、城镇化、农业现代化；基本实现国家治理体系和治理能力现代化，全过程人民民主制度更加健全，基本建成法治国家、法治政府、法治社会；建成教育强国、科技强国、人才强国、文化强国、体育强国、健康中国，国家文化软实力显著增强；人民生活更加幸福美好，居民人均可支配收入再上新台阶，中等收入群体比重明显提高，基本公共服务实现均等化，农村基本具备现代生活条件，社会保持长期稳定，人的全面发展、全体人民共同富裕取得更为明显的实质性进展;广泛形成绿色生产生活方式,碳排放达峰后稳中有降,生态环境根本好转,美丽中国目标基本实现;国家安全体系和能力全面加强,基本实现国防和军队现代化。党的二十大同时明确提出,在基本实现现代化的基础上,我们要继续奋斗,到21世纪中叶,把我国建设成为综合国力和国际影响力领先的社会主义现代化强国。从党的十九大提出到21世纪中叶把我国建设成为综合国力和国际影响力领先的国家,到党的二十大提出把我国建设成为综合国力和国际影响力领先的社会主义现代化强国,"国家"与"强国"一字之差,锚定的目标则有了极大的提升。

从全面建成小康社会到基本实现社会主义现代化再到全面建成社会主义现代化强国,党的十九大、党的二十大系统回答了建设什么样的社会主义现代化强国、怎样建设社会主义现代化强国这一重大时代课题,这既是新时代中国特色社会主义发展的战略布局,也是全面建设社会主义现代化国家的战略布局;既是中国社会主义现代化认知的深化,也是中国社会主义现代化实践的创新,使中国式现代化具有了新时代新征程的新内涵新意义。尤其需要指出的是,全面建成社会主义现代化强国与实现中华民族伟大复兴紧密地连在一起。这是因为,一百余年来,中国共产党团结带领中国人民进行的一切奋斗、一切牺牲、一切创造,归结起来就是一个主题:实现中华民族伟大复兴。在中国共产党人的视域中,实现中华民族是近代以来中国人民最伟大的梦想,中华民族伟大复兴的基本内涵是国家富强、民族振兴、人民幸福。在今天的视域中,实现中华民族伟大复兴,就是在宽广的世界视野中,使中华民族重现曾经拥有的辉煌,屹立于世界民族之林、引领时代浩荡潮流;在悠远的历史视野中,使中华民族重新形塑自己的面貌,在21世纪浴火再造、涅槃新生。正是在这个意义上,我们可以把今天的新时代称之为强国时代、复兴时代。

在世界社会主义发展史上,克服资本主义的弊病、痛苦和代价,建设超越资本主义现代性的"现代社会"和"现代文明",始终是马克思主义经典作家的主题叙事。恩格斯指出:"我们的目的是要建立社会主义制度,这种制度将给所有的人提供健康而有益的工作,给所有的人提供充裕的物质生活和闲暇时间,给所有的人提供真正的充分的自由。"① 实现现代化,是1917年俄国十月革命以来所有社会主义国家的共同追求。列宁曾提出两个著名的公式:"共产主义就是苏维埃政权加全国电气化"②,"乐于吸取外国的好东西:苏维埃政权+普鲁士的铁路秩序+美国的技术和托拉斯组织+美国的国民教育等等等等++=总和=社会主义"③。但是,在实践中,绝大多数社会主义国家的现代化都没有走向真正成功且颇多曲折和挫折。中国式现代化是中国共产党领导的社会主义现代化。中国特色社会主义道路、理论、制度、文化不断发展,特别是新时代十年发生的历史性变革、取得的历史性成就,使世界范围内

---

① 《马克思恩格斯全集》第28卷,北京:人民出版社,2018,第652页。
② 《列宁全集》第40卷,北京:人民出版社,1986,第156页。
③ 《列宁全集》第34卷,北京:人民出版社,2017,第520页。

社会主义和资本主义两种意识形态、两种社会制度的历史演进及其较量发生了有利于社会主义的重大转变,科学社会主义在21世纪的中国焕发出新的蓬勃生机。2022年11月14日,习近平总书记在印度尼西亚巴厘岛同美国总统拜登举行会晤时明确指出,中国共产党和中国政府的内外政策公开透明,战略意图光明磊落,保持高度连续性和稳定性。我们以中国式现代化全面推进中华民族伟大复兴,继续把实现人民对美好生活的向往作为出发点,坚定不移把改革开放进行下去,推动建设开放型世界经济。习近平总书记指出,美国搞的是资本主义,中国搞的是社会主义,双方走的是不同的路。这种不同不是今天才有的,今后还会继续存在。中国共产党领导和中国社会主义制度得到十四亿人民拥护和支持,是中国发展和稳定的根本保障。中美相处很重要一条就是承认这种不同,尊重这种不同,而不是强求一律,试图去改变甚至颠覆对方的制度。习近平总书记的主张,充分彰显了新时代中国共产党人的制度自信、历史自信。

在世界历史的行程中,现代化既是各国社会发展和人类文明进步的方向和趋势,也是一个长期的理论创新和实践探索过程。中国式现代化是在主要资本主义国家现代化进程已经完成的基础上开辟的一条现代化新路,它与资本主义现代化的老路有着根本的不同。世界之变、时代之变、历史之变正以前所未有的方式展开的现实背景,给我国的现代化建设提出了一系列新课题新挑战,直接考验着我们的斗争勇气、战略能力、应对水平。中国式现代化实现了物质的现代化、精神的现代化、治理的现代化、生态的现代化和人的现代化的有机融合,既从理论和实践的结合上系统回答了中国之问、世界之问、人民之问、时代之问,也拓展了发展中国家走向现代化的途径,给世界上那些既希望加快发展又希望保持自身独立性的国家和民族提供了全新选择,为人类对更好社会制度的探索提供了中国方案。

现代化是一个静态的概念,更是一种动态的实践。现代化是一个历史范畴,更是一种现实进程。由于西方国家是现代化的最早发生地且在随后的几次工业革命中都处于领先地位,由于西方国家长期以来一直宣扬只有资本主义制度才能实现现代化,从而形成了"现代化就等于西方化"的误读误认、迷思迷向,发展中国家大都跟在西方国家后面亦步亦趋形塑自己的现代化样态。但是,历史的真实是,真正全面建成现代化的国家并不多,其中很重要的原因在于,许多发展中国家不顾自己的国情,全盘照抄照搬西方现代化模式,结果不是举步维艰、停滞不前,就是断断续续、危机不断,甚至长期陷入政治社会动荡的漩涡之中不能自拔。中国创造的经济快速发展奇迹和社会长期稳定奇迹打破了西方现代化的神话。正如习近平总书记所强调的:"世界上既不存在定于一尊的现代化模式,也不存在放之四海而皆准的现代化标准。"[①] 这一重要论断,深刻阐明了新时代中国共产党人对于现代化的理解的逻辑起点。

[①]《高举中国特色社会主义伟大旗帜 奋力谱写全面建设社会主义现代化国家崭新篇章》,《人民日报》2022年7月28日第1版。

中国式现代化道路,不仅具有中国特色,而且具有世界意义,反映了世界现代化的正确方向和发展态势。

事实已经证明并将继续证明,当代中国的伟大社会变革,不是简单延续我国历史文化的母版,不是简单套用马克思主义经典作家设想的模板,不是其他国家社会主义实践的再版,不是国外现代化的翻版,而是马克思主义基本原理同新时代中国具体实际相结合所创新创造的现代化原版。中国人民的成功实践昭示世人,通向现代化的道路不止一条,只要找准正确方向、驰而不息,条条大路通罗马。恩格斯曾指出:"一个知道自己的目的,也知道怎样达到这个目的的政党,一个真正想达到这个目的并且具有达到这个目的所必不可缺的顽强精神的政党——这样的政党将是不可战胜的。特别是在当前这样的情况下,如果它的一切要求都符合本国经济发展的需要,而且正是这种经济发展的政治表现的话,那就更是如此。"① 深刻懂得在新征程上举什么旗、走什么路、以什么样的精神状态、朝着什么样的目标继续前进,深刻懂得全面建设社会主义现代化国家战略布局的科学性和必然性,致力于全面建设社会主义现代化国家、全面推进中华民族伟大复兴的中国共产党,正是恩格斯所指明的"这样的政党",这样的马克思主义执政党。百年大党时刻保持解决独有难题、实现第二个百年奋斗目标的清醒和坚定,这是历史和现实的逻辑,是历史和现实的写照。

---

① 《马克思恩格斯全集》第39卷,北京:人民出版社,1974,第139页。

共同富裕：中国共产党始终不渝地接续探索

全体人民共同富裕，是一个复合概念，是生产力与生产关系的有机统一体。所谓"富裕"，是指社会生产力高度发展、社会全面进步的发达状态；所谓"共同"，是指社会发展进步的成果由全体人民共享、满足全体人民的美好生活需要。马克思、恩格斯认为，无产阶级取得政权后，应尽可能快地增加生产力的总量，"生产将以所有人的富裕为目的"[①]。以马克思主义作为自己旗帜的中国共产党人，始终不渝把为人民谋幸福作为自己的初心使命，始终不渝把摆脱贫困、推进共同富裕作为自己的执着追求。我国现在"已经到了扎实推动共同富裕的历史阶段"，实现了从目标愿景走向伟大实践的百年跨越。

一、实现全体人民共同富裕，是为了改变积贫积弱的落后状况，也是中国共产党人始终不渝的接续探索

中国共产党是中国工人阶级的先锋队，同时是中国人民和中华民族的先锋队。面对帝国主义、封建主义和官僚资本主义"三座

[①]《马克思恩格斯文集》第8卷，北京：人民出版社，2009，第200页。

大山"的压迫,面对积贫积弱的落后状况,面对拯民于水火、解民于倒悬的现实呼唤,中国人民选择了社会主义、选择了中国共产党,这是历史的选择、正确的选择。党的创始人之一李大钊曾指出,"社会主义是要富的,不是要穷的",要使"人人均能享受平均的供给,得最大的幸福"。面对中国半殖民地半封建社会的基本国情,中国共产党人深刻认识到,民族独立、人民解放是国家富强、人民幸福的政治前提,也是实现社会生产力发展和全体人民共同富裕的根本社会条件。中国是一个农民占人口绝大多数的国度,使农民尽快摆脱贫困、解决温饱问题进而实现富裕,是中国共产党人的现实的迫切任务。在整个新民主主义革命时期,"耕者有其田""打土豪、分田地""自己动手、丰衣足食"成为中国共产党最有效的政治教育和人民动员手段,也是解决农民问题的必要条件和主要手段。

"治国之道,富民为始。"新中国成立以来,中国共产党团结带领中国人民进行社会主义革命、建设、改革的伟大实践,实现了中华民族有史以来最为广泛而深刻的社会变革,为实现全体人民共同富裕开辟了广阔道路。中国共产党人反复强调共同富裕特别是农民的共同富裕。1953年12月,中共中央通过的《关于发展农业生产合作社的决议》指出,党在农村工作的最根本的任务,就是"逐步实行农业的社会主义改造……并使农民能够逐步完全摆脱贫困的状况而取得共同富裕和普遍繁荣的生活"[①]。1955年10月,毛泽东在党的七届六中全会上所作的《关于农业合作化问

---

① 《建国以来重要文献选编》第4册,北京:中央文献出版社,1993,第662页。

题》的报告中指出:"要巩固工农联盟,我们就得领导农民走社会主义道路,使农民群众共同富裕起来。"① 早在 1943 年,毛泽东就曾提出,"由穷苦变富裕的必由之路","就是逐步地集体化;而达到集体化的唯一道路,依据列宁所说,就是经过合作社"②。1955 年 10 月,毛泽东在资本主义工商业社会主义改造问题座谈会上则明确指出:"现在我们实行这么一种制度,这么一种计划,是可以一年一年走向更富更强的,一年一年可以看到更富更强些。而这个富,是共同的富,这个强,是共同的强,大家都有份。"③ "这种共同富裕,是有把握的,不是什么今天不晓得明天的事。"④

实现共同富裕,无论在理论方面还是在实践方面,都是一场接力探索和创新。1985 年 3 月,邓小平指出:"社会主义的目的就是要全国人民共同富裕,不是两极分化。""一个公有制占主体,一个共同富裕,这是我们必须坚持的社会主义的根本原则。"⑤ 1990 年 12 月,邓小平指出:"共同致富,我们从改革一开始就讲,将来总有一天要成为中心课题。社会主义不是少数人富起来、大多数人穷,不是那个样子。""社会主义最大的优越性就是共同富裕,这是

---

① 《建国以来重要文献选读》第 7 册,北京:中央文献出版社,1993,第 308 页。
② 《毛泽东选集》第三卷,北京:人民出版社,1991,第 931 页。
③ 《毛泽东选集》第六卷,北京:人民出版社,1999,第 495 页。
④ 《毛泽东选集》第六卷,北京:人民出版社,1999,第 496 页。
⑤ 《邓小平文选》第三卷,北京:人民出版社,1993,第 110—111 页。

体现社会主义本质的一个东西。"①1992年初,邓小平在南方谈话中明确指出:"社会主义的本质,是解放生产力,发展生产力,消灭剥削,消除两极分化,最终达到共同富裕。"②此后,江泽民进一步强调,"实现共同富裕是社会主义的根本原则和本质特征,绝不能动摇"③,提出必须以共同富裕为目标,扩大中等收入者比重,提高低收入者收入水平。胡锦涛则强调"必须把提高效率同促进社会公平结合起来"④,"把维护社会公平放到更加突出的位置","使全体人民共享改革发展的成果,使全体人民朝着共同富裕的方向稳步前进"。⑤

实现共同富裕的历史行程是在曲折中前进的,但中国共产党的探索取得了前所未有的成就,特别是取得了总体小康水平的重大成就,这是不争的事实。

二、实现全体人民共同富裕,不仅是经济问题,而且是关系党的执政基础的重大政治问题

党的十八大以来,中国特色社会主义进入新时代。这个新时

---

① 《邓小平文选》第三卷,北京:人民出版社,1993,第364页。
② 中央文献研究室编:《邓小平年谱(1975—1997)》下卷,北京:中央文献出版社,2004,第1343页。
③ 《十四大以来重要文献选编》中,北京:人民出版社,1997,第1466页。
④ 《胡锦涛文选》第三卷,北京:人民出版社,2016,第164页。
⑤ 《胡锦涛文选》第二卷,北京:人民出版社,2016,第291页。

代意涵丰富,全国各族人民共同奋斗、不断创造美好生活、逐步实现全体人民共同富裕是其重要内容之一。2012年11月15日,在十八届中共中央政治局常委同中外记者见面时,习近平总书记强调"坚定不移走共同富裕的道路"⑥。十年来,以习近平同志为核心的党中央坚持以人民为中心的发展思想,自信自强、守正创新,实现了全面建成小康社会的第一个百年奋斗目标,开启实现全面建设社会主义现代化国家的第二个百年奋斗目标新征程,朝着实现中华民族伟大复兴的宏伟目标继续前进。我国的现代化是全体人民共同富裕的现代化。一部中国共产党的历史,就是一部实现人民对美好生活向往的奋斗史。实现全体人民共同富裕是为人民谋幸福的题中应有之义,以人民为中心的发展思想是推进共同富裕的题中应有之义。新时代这十年,历史性解决了绝对贫困问题,为共同富裕的初步实现奠定了坚实的物质基础;取得全面建成小康社会的历史性成就,是新时代扎实推进共同富裕迈出的有力步伐。共同富裕,一头连着全面小康社会,一头连着社会主义现代化强国,而且"共同富裕本身就是社会主义现代化的一个重要目标"⑦。

党的十八大以来,以习近平同志为核心的党中央对共同富裕的认识跃升到一个新的高度。习近平总书记指出:"实现共同富裕

---

⑥《习近平谈治国理政》第一卷,北京:外文出版社,2018,第4页。

⑦ 习近平:《论把握新发展阶段、贯彻新发展理念、构建新发展格局》,北京:中央文献出版社,2021,第503页。

不仅是经济问题,而且是关系党的执政基础的重大政治问题。"①由此,党中央把促进全体人民共同富裕摆在更加重要的位置。党的十九大作出了新时代中国特色社会主义发展两个阶段的战略安排,即从2020年到2035年,奋斗十五年,基本实现社会主义现代化,全体人民共同富裕迈出坚实步伐;从2035年到21世纪中叶,再奋斗十五年,把我国建成富强民主文明和谐美丽的社会主义现代化强国,全体人民共同富裕基本实现。党的十九届五中全会强调要"扎实推动共同富裕",并提出到2035年"全体人民共同富裕取得更为明显的实质性进展"。2021年8月,在中央财经委员会第十次会议上,习近平总书记进一步明确提出,到"十四五"末,全体人民共同富裕迈出坚实步伐,居民收入和实际消费水平差距逐步缩小;到2035年,全体人民共同富裕取得更为明显的实质性进展,基本公共服务实现均等化;到21世纪中叶,全体人民共同富裕基本实现,居民收入和实际消费水平差距缩小到合理区间。②习近平总书记强调:"共同富裕是社会主义的本质要求,是中国式现代化的重要特征,要坚持以人民为中心的发展思想,在高质量发展中促进共同富裕。"③

立命为生民,奋斗为共富。党的十九届六中全会通过的《中共

---

① 《习近平谈治国理政》第四卷,北京:外文出版社,2022,第171页。
② 参见《习近平谈治国理政》第四卷,北京:外文出版社,2022,第142页。
③ 《在高质量发展中促进共同富裕 统筹做好重大金融风险防范化解工作》,《人民日报》2021年8月18日第1版。

中央关于党的百年奋斗重大成就和历史经验的决议》把"逐步实现全体人民共同富裕"作为中国特色社会主义新时代的重要内容，把"明确新时代我国社会主要矛盾是人民日益增长的美好生活需要和不平衡不充分的发展之间的矛盾，必须坚持以人民为中心的发展思想，发展全过程人民民主，推动人的全面发展、全体人民共同富裕取得更为明显的实质性进展"作为习近平新时代中国特色社会主义思想的重要内容，强调党只要"坚定不移走全体人民共同富裕道路，就一定能够领导人民夺取中国特色社会主义新的更大胜利"。在2022年全国两会期间，习近平总书记在参加十三届全国人大五次会议内蒙古代表团审议时强调："只要始终不渝走中国特色社会主义道路，我们就一定能够不断实现人民对美好生活的向往，不断推进全体人民共同富裕。"[①] 这些重要命题和重要论断，集中反映了当代中国马克思主义、21世纪马克思主义的思想理论境界和治国理政智慧。

三、实现全体人民共同富裕，不是一句空洞的口号，而是实实在在的行动

"国之称富者，在乎丰民。"贫穷是人类的顽敌，是世界各国治理的难题之一。在新时代新征程中，实现全体人民共同富裕，不是一

[①]《不断巩固中华民族共同体思想基础　共同建设伟大祖国　共同创造美好生活》，《人民日报》2022年3月6日第1版。

句空洞的口号,而是实实在在的行动。实现全体人民共同富裕,是新时代中国共产党人的责任和使命。习近平总书记指出:"促进全体人民共同富裕是一项长期任务,也是一项现实任务,必须摆在更加重要的位置,脚踏实地,久久为功,向着这个目标作出更加积极有为的努力。"① 这是中国特色社会主义全体人民共同富裕之路。

扎实推进并实现全体人民共同富裕,首先,必须坚持党的领导,党要始终总揽实现共同富裕全局,对扎实推进共同富裕进行顶层设计、作出战略规划、制定政策举措、协调各方利益,切实维护社会公平正义。其次,必须坚持以人民为中心的发展思想,加快完善社会主义市场经济体制,提高区域发展的平衡性、行业发展的协调性、对中小企业发展的包容性、促进农民农村共同富裕;正确处理效率和公平的关系,构建初次分配、再分配、三次分配协调配套的基础性制度安排,加大税收、社保、转移支付等调节力度并提高精准性,扩大中等收入群体比重,增加低收入群体收入,合理调节高收入,取缔非法收入,形成中间大、两头小的橄榄型分配结构,切实促进社会公平正义。再次,必须坚持社会主义核心价值观的引领,在实现人民当家作主的前提下,促进人民精神生活共同富裕,不断满足人民群众多样化、多层次、多方面的精神文化需求,推进全体人民共同富裕不断向纵深发展、达到新的高度和水平。最后,必须

---

① 习近平:《论把握新发展阶段、贯彻新发展理念、构建新发展格局》,北京:中央文献出版社,2021,第503页。

坚持中国共产党、中国人民和中华民族一以贯之的团结奋斗。一些发达国家工业化搞了几百年,但由于社会制度原因,到现在共同富裕问题仍未解决,贫富悬殊问题反而越来越严重。与此相对照,中国仅用几十年时间就历史性地解决了十四亿多人口大国的绝对贫困问题,正意气风发扎实推进全体人民共同富裕。事实胜于雄辩。不懈团结奋斗,扎实推动全体人民共同富裕,是中国共产党为人民谋幸福、为人类谋进步、促进人的自由全面发展、创造人类文明新形态所进行的理论和实践探索的光辉范例。

全过程人民民主是社会主义民主政治的本质属性

我国是工人阶级领导的、以工农联盟为基础的人民民主专政的社会主义国家，国家一切权力属于人民。习近平总书记在党的二十大报告中指出："人民民主是社会主义的生命，是全面建设社会主义现代化国家的应有之义。全过程人民民主是社会主义民主政治的本质属性，是最广泛、最真实、最管用的民主。"[①] 同时，党的二十大报告强调发展全过程人民民主是中国式现代化的本质要求的重要内容，并围绕"发展全过程人民民主，保障人民当家作主"作出全面部署、提出明确要求。

一、人民当家作主始终是中国共产党人的政治追求、价值取向

人民民主是中国共产党始终高举的旗帜。在革命、建设、改革各个时期，我们党始终团结带领全国各族人民为实现人民当家作主进

[①]《习近平著作选读》第一卷，北京：人民出版社，2023，第30—31页。

行艰辛探索、不懈奋斗,逐步建立健全一套完整的制度体系和程序机制,成功开辟和坚持了中国特色社会主义政治发展道路,人民民主成为社会主义国家的政治基石和社会主义制度的显著优势。

"振叶以寻根,观澜而索源。"民主是人类不懈追求的政治理想,其本意是人民的权力、权威或人民进行治理、统治。究其渊源,公元前443年,古希腊历史学家希罗多德在其撰写的《历史》(又名《希腊波斯战争史》)一书中首次使用了"民主"这一概念,用来诠释与专制相对立的希腊城邦国家雅典的政治制度和政治实践。但是,由于受到政治、经济、文化等因素的制约,在此后的2000多年里,民主并没有得到发育和流播。直到19世纪,由于市场经济的发展、社会等级观念的淡化以及公民选举权的扩大,民主才在欧美一些国家最终实现了从观念向制度、从理论向实践的转化。这样的民主,就是资产阶级民主。

在人类政治文明史上,资产阶级民主代替封建专制是一个巨大进步。但是,在实践中,这样的民主是建立在不平等的经济关系基础上的,其基本的运行逻辑是不同利益集团之间的博弈,弱势群体和边缘群体的政治社会权利很难得到保障,这是由于它在本质上代表的是资产阶级的利益,并因而成为资本拥有者等极少数人的专利。

一百多年前,"德先生"(即"Democracy")从西方进入中国,民主、民主政治的理念逐渐落地扎根、深入人心。一百多年后,全过程人民民主成为中国特色社会主义民主政治区别于西方国家资产阶级民主的突出特征和显著优势。

2019年11月2日,在上海长宁区虹桥街道古北市民中心考察时,习近平总书记指出,我们走的是一条中国特色社会主义政治发展道路,人民民主是一种全过程的民主。①2021年3月通过的《中华人民共和国全国人民代表大会组织法(修正草案)》与《中华人民共和国全国人民代表大会议事规则(修正草案)》,明确写入"坚持全过程民主"。2021年7月1日,在庆祝中国共产党成立100周年大会上的讲话中,习近平总书记指出,我们必须紧紧依靠人民创造历史,践行以人民为中心的发展思想,发展全过程人民民主。②2021年10月,习近平总书记在中央人大工作会议上对全过程人民民主重大理念和实践要求作出系统精辟的阐述。2021年11月,党的十九届六中全会通过的《中共中央关于党的百年奋斗重大成就和历史经验的决议》把"发展全过程人民民主"作为习近平新时代中国特色社会主义思想的重要内容纳入"十个明确"之中。从"全过程民主"到"全过程人民民主",添加了"人民"二字,准确地表达了我国社会主义民主的内涵与实质,揭示了其要义和真谛。这是因为中国共产党根基在人民、血脉在人民、力量在人民。这源于执政的中国共产党是中国工人阶级的先锋队,同时是中国人民和中华民族的先锋队。中国共产党的根本政治立场是人民立场,根本政治使命是为人民谋幸福,根本政治宗旨是全心全意为人

---

① 参见习近平:《论坚持人民当家作主》,北京:中央文献出版社,2021,第303页。
② 《习近平谈治国理政》第四卷,北京:外文出版社,2022,第9页。

民服务，根本政治目标是满足人民对美好生活的向往。自1921年成立至今一百多年来，中国共产党始终代表最广大人民根本利益，与人民休戚与共、生死相依，没有任何自己特殊的利益，从来不代表任何利益集团、任何权势团体、任何特权阶层的利益。

二、全过程人民民主是新时代我国民主政治领域取得的创新性、标志性成果

党的十八大以来，中国特色社会主义进入新时代。立足我国发展这一新的历史方位，以习近平同志为核心的党中央深刻把握我国社会主要矛盾的新变化新特点，积极回应人民对民主政治、公平正义的新要求新期待，坚持党的领导、人民当家作主、依法治国有机统一，深化对民主政治发展规律的认识，提出全过程人民民主重大理念，积极发展全过程人民民主，健全全面、广泛、有机衔接的人民当家作主制度体系，发挥社会主义协商民主重要作用，构建多样、畅通、有序的民主渠道，丰富民主内容和形式，从各层次各领域扩大人民有序政治参与，使各方面制度和国家治理更好体现人民意志、保障人民权益、激发人民创造，推动全过程人民民主取得历史性成就，成为新时代我国民主政治领域取得的创新性、标志性成果，社会主义民主政治焕发出勃勃生机。

"名非天造，必从其实。"全过程人民民主意涵丰富，意义重大。

全过程人民民主，本质是民主。关于民主，马克思、恩格斯在170多年前的《新莱茵报》上发表评论指出："它必须具备一定的意义，否则它就不能存在。因此全部问题就在于确定民主的真正意义。如果这一点我们做到了，我们就能对付民主，否则我们就会失败。"① 这就是说，在不同历史阶段，民主对不同阶级有着不一样的实际含义。中国共产党人是马克思主义民主观的坚持和继承者，也是丰富和发展者。在中国共产党人的视域中，民主就是社会主义民主，就是人民当家作主。

全过程人民民主，核心是人民。在马克思主义的视域中，其一，人民不仅是社会物质财富的创造者，而且是社会精神财富的创造者，但其主体始终是从事物质资料生产的广大劳动群众。其二，人民不仅改造客观世界，而且改造主观世界，是对人类社会发展起推动作用的大多数人。在阶级社会中，它包括一切推动历史前进的阶级、阶层和集团。其三，人民是一个集合概念，是指众多人的集合体，而不是指单个人的个体。中国共产党是马克思主义人民观的坚持和继承者，也是丰富和发展者。习近平总书记强调，有事好商量，众人的事情由众人商量，找到全社会意愿和要求的最大公约数，是人民民主的真谛。② 在新时代中国共产党人的视域中，发展全过程人民民主，就是坚持以人民为中心，坚持人民至上，把全体人民都纳入进来。全过程人民民主，人民是主体。发展全过程人民民主，人民是依靠力量。

全过程人民民主，特点是全过程。作为习近平新时代中国特

---

① 《马克思恩格斯全集》第10卷，北京：人民出版社，1998，第315页。
② 参见《习近平谈治国理政》第二卷，北京：外文出版社，2017，第292页。

色社会主义思想的世界观和方法论、立场观点方法的重要内容，党的二十大报告提出"必须坚持系统观念"。基于此，分析全过程人民民主，其一，它具体体现在中国共产党治国理政全部实践活动之中，蕴含于政治、经济、社会、文化、生态等诸多领域；通过一系列法律和制度安排，贯通民主选举、民主协商、民主决策、民主管理、民主监督等各个环节，是全链条、全方位、全覆盖的民主。其二，它以全过程的程序和形式，保证人民意愿的代表性、广泛性和真实性，体现人民利益的全局性、长远性和根本性。过程性是民主的内在要求。第二次世界大战后，西方民主的一个突出问题，就是窄化了民主的过程，将民主单纯理解为"竞争性选举"，结果造就了大量的空壳民主。其三，它是过程民主和成果民主、程序民主和实质民主、直接民主和间接民主、人民民主和国家意志的有机统一，具有鲜明的中国特色、中国风格、中国智慧。其四，它深化了对中国社会主义民主政治发展规律的认识，走出了一条符合中国国情的中国特色社会主义民主政治发展道路，是最广泛、最真实、最管用的民主，代表着人类政治文明的发展方向。

三、"中国之制"创造"中国之治"、提供"中国之智"

全过程人民民主，开辟了我国社会主义民主发展的新境界，成为推进实现国家治理体系和治理能力现代化的重要内容，成为全面建设社会主义现代化国家的时代命题。中国共产党人既是认识论者，也是实践论者，是认识论者与实践论者的有机统一论者。实践充分证明，中国的全过程人民民主在中国行得通、很管用。"中国之治",从根本上讲,就是"制度之治",就是民主的"制度之治"。这种制度,包括人民代表大会制度这一根本政治制度以及中国共产党领导的多党合作和政治协商制度、民族区域自治制度、基层群众自治制度等基本政治制度。全过程人民民主,构建起覆盖十四亿多中国人民、五十六个民族的民主体系,保证了人民民主的理念、方针、政策贯彻到国家政治生活和社会生活的方方面面,实现了最广大人民的最广泛持续参与。过去和现在,中国特色社会主义政治制度一直生长在中国的社会土壤之中。面向未来,要继续茁壮成长,它也必须深深扎根于中国的社会土壤。

在世界政治发展史上,一个国家有一个国家的政治制度,不可能千篇一律、归于一尊。评价一个国家政治制度是不是真正民主的、切实有效的,主要看它是否能够维护并实现人民当家作主。民主不是少数国家的专利,而是各国人民的权利,是全人类共同的价值追求。我们需要借鉴国外政治文明有益成果,但绝不能放弃中国政治制度的根本。"中国之制"创造了"世界之变"中的"中国之治",彰显了"中国之志",为人类政治文明进步提供了"中国之智"。

早在1300多年前,唐朝诗人王勃就在诗中写道:"海内存知己,天涯若比邻。"由于交通、通信的发达,由于人员、经贸交往的频繁,我们安身其间的"地球家园"变得越来越小,今天可以把王勃的诗改写为:"海内存知己,天涯是比邻。"一百多年来,中国共产党既为中国人民谋幸福、为中华民族谋复兴,也为人类谋进步、为世界谋大同。在21世纪的新时代,我们真诚呼吁世界各国弘扬和平、发展、公平、正义、民主、自由的全人类共同价值,推动构建人类命运共同体,推进人类政治文明新发展,创造人类文明新形态。在21世纪的新时代,坚持胸怀天下的中国共产党人必将为人类作出新的更大贡献。

谱写全面建设社会主义现代化国家新篇章

一个时代有一个时代的主题,一个时代有一个时代的担当。习近平总书记在省部级主要领导干部"学习习近平总书记重要讲话精神,迎接党的二十大"专题研讨班上发表重要讲话,深刻阐释了新时代坚持和发展中国特色社会主义的重大理论和实践问题,深刻阐明了未来一个时期党和国家事业发展的大政方针和行动纲领,对于全党进一步学懂弄通做实习近平新时代中国特色社会主义思想,奋力谱写全面建设社会主义现代化国家崭新篇章,具有重大指导意义。

一、新时代十年伟大变革的里程碑意义

从党的十八大开始,中国特色社会主义进入新时代。党的十九大深刻阐释了新时代的内涵和意义。在省部级专题研讨班上的重要讲话中,习近平总书记进一步强调,新时代十年的伟大变革,在党史、新中国史、改革开放史、社会主义发展史、中华民族发展史上

具有里程碑意义。①

以习近平同志为核心的党中央统筹中华民族伟大复兴战略全局和世界百年未有之大变局，以伟大的历史主动精神、巨大的政治勇气、强烈的责任担当，团结带领全党全军全国各族人民自信自强、守正创新，统揽伟大斗争、伟大工程、伟大事业、伟大梦想，创造了新时代中国特色社会主义的伟大成就。

我们坚持加强党的全面领导和党中央集中统一领导，统筹推进"五位一体"总体布局、协调推进"四个全面"战略布局，坚持和完善中国特色社会主义制度、推进国家治理体系和治理能力现代化，如期打赢脱贫攻坚战，如期全面建成小康社会、实现第一个百年奋斗目标，开启全面建设社会主义现代化国家、向第二个百年奋斗目标进军新征程。

党和人民创造的伟大成就彰显了中国特色社会主义的强大生机活力，党心军心民心空前凝聚，为实现中华民族伟大复兴提供了更为完善的制度保证、更为坚实的物质基础、更为主动的精神力量。中华民族迎来了从站起来、富起来到强起来的伟大飞跃，实现中华民族伟大复兴进入了不可逆转的历史进程。

新时代十年特别是党的十九大以来的五年，在党和国家事业发展进程中极不寻常、极不平凡。党面临形势环境的复杂性和严峻

---

① 参见《新时代十年的伟大变革具有里程碑意义》，《人民日报》2022年8月1日第2版。

性、肩负任务的繁重性和艰巨性世所罕见、史所罕见,我们全面贯彻党的基本理论、基本路线、基本方略,采取一系列战略性举措,推进一系列变革性实践,实现一系列突破性进展,取得一系列标志性成果,攻克了许多长期没有解决的难题,办成了许多事关长远的大事要事,经受住了来自政治、经济、意识形态、自然界等方面的风险挑战考验,党和国家事业取得历史性成就、发生历史性变革。

二、未来五年对实现奋斗目标至关重要

中国共产党担负争取民族独立、人民解放和实现国家富强、人民幸福的使命任务,之所以能在百年奋斗中取得举世瞩目的重大成就,很重要的原因就在于始终具有清晰的奋斗目标。

自诞生以来,中国共产党团结带领中国人民进行的一切奋斗、一切牺牲、一切创造,归结起来就是一个主题:实现中华民族伟大复兴。新中国成立以来,把我国建设成为社会主义现代化国家,是从第一个五年计划到第十四个五年规划一以贯之的主题。改革开放以来,坚持和发展中国特色社会主义,是我们党全部理论和实践的主题。党的十八大以来,党面临的主要任务是,实现第一个百年奋斗目标,开启实现第二个百年奋斗目标新征程,朝着实现中华民族伟大复兴的宏伟目标继续前进。

新征程上,中国共产党团结带领中国人民向第二个百年奋斗目标迈进。党的二十大对全面建成社会主义现代化强国作出了战略部署,总的战略安排是分两步走:从2020年到2035年,基本实现社会主义现代化;从2035年到21世纪中叶,把我国建成富强

民主文明和谐美丽的社会主义现代化强国。党的二十大对全面建成社会主义现代化强国两步走战略安排进行宏观展望,科学谋划未来五年乃至更长时期党和国家事业发展的目标任务和大政方针,事关党和国家事业继往开来,事关中国特色社会主义前途命运,事关中华民族伟大复兴。

三、坚定战略自信,创造新的历史伟业

习近平总书记发表的重要讲话贯通把握历史、现在、未来,充分体现了推进党和国家各项工作的深谋远虑。我们要深入学习领会习近平总书记重要讲话精神,坚持以习近平新时代中国特色社会主义思想为指导,坚定战略自信,保持战略清醒,增强信心斗志,不断把中国特色社会主义伟大事业推向前进。

坚持以马克思主义中国化时代化最新成果为指导。拥有马克思主义科学理论指导是我们党鲜明的政治品格和强大的政治优势。马克思主义是我们立党立国、兴党强国的根本指导思想。习近平总书记强调,中国共产党为什么能,中国特色社会主义为什么好,归根到底是马克思主义行,是中国化时代化的马克思主义行。马克思主义之所以行,就在于我们党不断推进马克思主义中国化时代化并用以指导实践,从而牢牢把握了历史发展进步的大势,始终站在历史正确的一边。在新征程上,我们要坚持不懈用习近平新时代中国特色社会主义思想武装头脑,坚持好、运用好贯穿其中的立场观点方法,在新时代伟大实践中不断开辟马克思主义中国化时代化新境界。

坚持党的全面领导和党中央集中统一领导。中国共产党的领导是中国特色社会主义最本质的特征。中国特色社会主义制度是中国共产党领导人民创建的,党的领导是中国特色社会主义制度优势发挥的根本保障。全面建设社会主义现代化国家,实现新征程各项目标任务,关键在党。新征程上,我们要坚定不移维护习近平总书记党中央的核心、全党的核心地位,确保党在世界形势深刻变化的历史进程中始终走在时代前列、在应对国内外各种风险挑战的历史进程中始终成为全国人民的主心骨,确保党不变质、不变色、不变味,确保党在新时代坚持和发展中国特色社会主义的历史进程中始终成为坚强领导核心。

坚持以中国式现代化推进中华民族伟大复兴。习近平总书记强调,世界上既不存在定于一尊的现代化模式,也不存在放之四海而皆准的现代化标准。[①] 我们成功推进和拓展了中国式现代化。中国式现代化,是人口规模巨大的现代化、全体人民共同富裕的现代化、物质文明和精神文明相协调的现代化、人与自然和谐共生的现代化、走和平发展道路的现代化,而不是传统的或西方的那种以资本为中心的现代化、两极分化的现代化、物质主义膨胀的现代化、对外扩张掠夺的现代化。必须深刻认识到,我国作为一个人口众多和拥有超大市场规模的社会主义国家,在迈向现代化的历史进程中,必然要承受其他国家都不曾遇到的各种压力和严峻挑战。但无

---

① 参见《习近平谈治国理政》第四卷,北京:外文出版社,2022,第123页。

论遇到什么风浪,只要我们坚定不移走中国特色社会主义这条唯一正确的道路,坚持以中国式现代化推进中华民族伟大复兴,必将通往更加光辉的未来。

坚持把国家和民族发展放在自己力量的基点上。当前,世界百年未有之大变局加速演进,世界之变、时代之变、历史之变的特征更加明显,我国发展面临新的战略机遇、新的战略任务、新的战略阶段、新的战略要求、新的战略环境,我们必须以正确的战略策略应变局、育新机、开新局,依靠顽强斗争打开事业发展新天地,最根本的是要把我们自己的事情做好。我们走自己的路,具有无比广阔的舞台,具有无比深厚的历史底蕴,具有无比强大的前进定力。新征程上,只要我们坚持把国家和民族发展放在自己力量的基点上、把中国发展进步的命运牢牢掌握在自己手中,在自己选择的正确道路上昂首阔步走下去,就一定能够把我国建设成为富强民主文明和谐美丽的社会主义现代化强国。

坚持团结奋斗。团结奋斗是中国共产党和中国人民最显著的精神标识。中国共产党是中国工人阶级的先锋队,同时是中国人民和中华民族的先锋队,是中国特色社会主义事业的领导核心。人民是全面建设社会主义现代化强国、实现中华民族伟大复兴的力量源泉。新时代十年,我们取得的一切成就,都是党和人民一道奋斗出来的。历史和实践充分证明,团结奋斗是党领导人民创造历史伟业的必由之路。我们靠团结奋斗创造了辉煌历史,还要靠团结奋斗开辟美好未来。在前进道路上,我们党一如既往地站稳人民立场、坚持全心全意为人民服务的根本宗旨,树牢群众观点,贯彻群众路线,尊重人民首创精神,坚持一切为了人民、一切依靠人民,始终同人民同呼吸、共命运、心连心,必将形成勇往直前、无坚不摧的强大力量。

完成非凡之事业,须有非凡之精神和非凡之行动。恩格斯曾指出:一个知道自己的目的,也知道怎样达到这个目的的政党,一个真正想达到这个目的并且具有达到这个目的所必不可缺的顽强精神的政党,——这样的政党将是不可战胜的。① 特别是在当前这样的情况下,如果它的一切要求都符合本国经济发展的需要,而且正是这种经济发展的政治表现的话,那就更是如此。中国共产党就是这样的马克思主义政党。葆有这样的战略自信和战略清醒、这样的历史主动和历史自信,中国共产党一定能够团结带领全国各族人民在新征程上创造新的历史伟业。

---

① 参见《马克思恩格斯全集》第39卷,北京:人民出版社,1974,第139页。

人类文明新形态的意蕴和旨归

在庆祝中国共产党成立一百周年大会上的重要讲话中，习近平总书记明确提出"人类文明新形态"的概念，这在我们党和国家的历史上还是第一次。这一重要论断，是对中国共产党和中国人民奋斗成就的自信、奋斗精神的自信，说到底是对中国共产党和中国人民发挥历史能动性和把握历史主动性的历史自信。

文明是全人类追求的共同价值，创造文明是全人类担负的共同责任。在中国古代典籍中，《易传·文言》最早使用"文明"一词，曰："见龙在田，天下文明。"在西方，17世纪英国启蒙思想家托马斯·霍布斯最早使用"文明"一词，认为文明是指人类社会从"自然状态"转变为"国家状态"。几个世纪以来，关于文明的理论，对于文明的分类，可谓林林总总，不一而足。在马克思主义的视域中，其一，文明是一个历史的概念，它是人类社会发展到一定阶段的进步状态，同时也是人类的物质和精神的生产与生活所达到的程度，是体现人类社会进步的重要标志；其二，文明是人类社会实践的产物，人们正是在变革客观世界、创造物质成果的同时，也改变着主观世界、创造出精神文明，这种物质的、精神的积极成果的总和便是人类社会发展到一定阶段所体现出的进步状态的实在内容;其三,文明是一个整体的范畴,它反映了社会各个方面的进步,是人类改造自然、改造社会、改造自身的一切积极成果,总体上包括物质文明、精神文明、制度文明等方面,致力于社会的全面进步、避免片面发展特别是畸形发展,愈益成为当今时代全人类的共识。

在21世纪的今天,文明更是为人们所津津乐道,文明对人类社会的影响更加深刻。世界文明多样化和多样文明世界化,乍看似有矛盾,实则相互关联,已成为发展的趋向。只有看清楚人类文明在如何变化,才能弄明白我们努力的方向。对人类社会已经产生了深刻影响并将继续产生深刻影响的,就是中国共产党和中国人民在新时代中国特色社会主义的伟大实践中创造了人类文明新形态。恩格斯曾指出:"一门学科提出的每一种新见解,都包含着这门科学的术语的革命。"[①]就此而论,"人类文明新形态"也是人类文明发展史上一次伟大的"术语革命"。

中国共产党和中国人民创造的人类文明新形态,新就新在它是社会主义的文明形态。马克思主义经典作家肯定了资本主义社会代替封建社会的历史进步性,但是他们同时也指出所谓的资本主义文明给社会发展特别是无产阶级和广大劳动人民所带来的"一切苦难"和"一切极端不幸的灾难"。在未来,代替那存在着阶级和阶级对立的资产阶级旧社会的,将是致力于"每个人的自由发展"

[①]《马克思恩格斯全集》第23卷,北京:人民出版社,1972,第34页。

和"一切人的自由发展"的自由人联合体。这就是超越了资本主义文明的社会主义文明、共产主义文明的追求。列宁曾指出,无产阶级在实际上表明,它而且只有它是现代文明的支柱,它的劳动创造了财富和豪华,它的劳动是我们整个"文化"亦即文明的基石。①基于坚持和发展中国特色社会主义的人类文明新形态,其主要内容和鲜明特征就是坚持人民立场,发展为了人民、发展依靠人民、发展成果由人民共享,推动人的全面发展、全体人民共同富裕不断取得更为明显的实质性进展,真正满足人民美好生活需要。这是马克思主义关于人类社会发展规律的内在逻辑规定。

中国共产党和中国人民创造的人类文明新形态,新就新在它是使中华文明实现了当代化的文明形态。中国人民和中华民族在中国这片古老的大地上创造了博大精深、绵延五千多年的中华文明,为人类文明进步作出了卓越的、不可磨灭的伟大贡献。习近平总书记强调:"如果没有中华五千年文明,哪里有什么中国特色?如果不是中国特色,哪有我们今天这么成功的中国特色社会主义道路?"②中华文明强劲复苏、巍然傲立,与中华民族伟大复兴强势推进、不可逆转的历史进程相辅相成、相得益彰。

中国共产党和中国人民创造的人类文明新形态,新就新在它是蕴含中国式现代化道路和全过程人民民主、具有浓郁中国特色和

---

① 参见《列宁全集》第9卷,北京:人民出版社,2017,第204页。
② 《习近平谈治国理政》第四卷,北京:外文出版社,2022,第315页。

鲜明世界意义的文明形态。中国式现代化道路、全过程人民民主是对人类文明的重新定义、重新形塑。中国共产党是马克思主义执政党，团结带领中国人民创造了世所罕见的经济快速发展奇迹和社会长期稳定奇迹。新时代中国共产党人的奋斗目标，是把我国全面建成富强民主文明和谐美丽的社会主义现代化强国。这就注定了中国式现代化既有各国现代化的共同特征，更有基于国情的中国特色。中国要实现的现代化，是人口规模巨大的现代化，是全体人民共同富裕的现代化，是物质文明和精神文明相协调的现代化，是人与自然和谐共生的现代化，是走和平发展道路的现代化。中国式现代化破解了人类社会发展的诸多难题，摒弃了西方以资本为中心的现代化、两极分化的现代化、物质主义膨胀的现代化、对外扩张掠夺的现代化老路。中国式现代化拓展了发展中国家走向现代化的途径，给世界上那些既希望加快发展又希望保持自身独立性的国家和民族提供了全新选择，给人们探求更合理的现代化的人类社会提供了全新选择。全过程人民民主是习近平总书记对马克思主义民主观、中华文明民主基因、中国共产党民主理论的继承和发展，是新时代中国共产党人的民主观。它来自人类社会深厚的民主传统，来自中华民族悠久的民主基因，来自中国共产党人对民主认知的不断深化，来自科学合理的制度安排，来自丰富生动的民主实践。全过程人民民主的核心内容是人民当家作主，它体现了人民立场，实现了过程民主和成果民主、程序民主和实质民主、直接民主和间接民主、人民民主和国家意志的统一，是全链条、全方位、全覆盖的民主，并具体体现在民主选举、民主协商、民主决策、民主管理、民主监督之中。全过程人民民主的实质是社会主义民主,是最广泛、最真实、最管用的民主。它与西方国家的"少数人的民主""一次性的民主""金钱式的民主""拳头式的民主"等形成鲜明对照,破除了人们对西方国家民主道路、民主样板、民主神话的政治迷思。就此而论,全过程人民民主是人类政治文明的成果,丰富了人类政治文明形态,体现了人类政治文明发展的方向。1949年9月,毛泽东同志充满信心地预言:"中国人被人认为不文明的时代已经过去了,我们将以一个具有高度文化的民族出现于世界。"① 中国式现代化道路和全过程人民民主犹如鸟之两翼、车之两轮,共同助推人类文明新形态创造发展和丰富完善。

总之,中国共产党和中国人民创造的人类文明新形态是历史悠久的中华文明的新时代再造,是社会主义文明的新时代跃升,是中国的也是世界的,是中国共产党人和中国人民为人类文明奉献的新智慧、提供的新答案、注入的新力量、作出的新贡献、书写的文明新华章。

---

① 《毛泽东文集》第五卷,北京:人民出版社,1996,第345页。

下 篇

强国建设、民族复兴关键在党

历史浩荡,未来已来。

前方路,充满光荣和梦想。来时路,历经万水和千山。

在时代翻涌的波峰浪谷间,中国式现代化理论之所以能够不断创新,中国式现代化实践之所以能够不断突破,正得益于从"落后时代"到"赶上时代"再到"引领时代"的递嬗和跃迁。中国人民团结奋斗,拼搏在一起、奋斗在一起。

中国共产党是什么、要干什么

党的十九届六中全会通过的《中共中央关于党的百年奋斗重大成就和历史经验的决议》提出"全党要牢记中国共产党是什么、要干什么这个根本问题"的重大命题,这是中国共产党从成立之时起就始终致力回答的一个根本问题。中国共产党之所以能够从小到大、从弱到强、从胜利走向胜利,关键在于中国共产党正确回答了是什么、要干什么这一根本问题。

一、对于中国共产党是什么的回答,旨在弄清楚其身份标识

1840年鸦片战争以后,中国逐步成为半殖民地半封建社会,帝国主义和中华民族的矛盾、封建主义和人民大众的矛盾是近代中国社会的两大主要矛盾。彻底推翻帝国主义、封建主义、官僚资本主义的统治,争取民族独立和人民解放;彻底改变贫穷落后的面貌,实现国家富强和人民幸福,是近代中国社会的两大历史任务。中国共产党成立以来,就始终把为中国人民谋幸福、为中华民族谋复兴作为自己的初心使命。这是因为,中国共产党从成立之时起,就具有不同于其他政党的身份标识。中国共产党是马克思列宁主

义同中国工人运动相结合的产物。中国共产党是中国工人阶级的先锋队,同时是中国人民和中华民族的先锋队。中国共产党是领导我们事业的核心力量。人民立场是中国共产党的根本立场,全心全意为人民服务是中国共产党的根本宗旨,"我将无我,不负人民"是中国共产党人的最高境界。中国共产党的性质、立场、宗旨和境界,决定了中国共产党代表中国最广大人民的根本利益,没有任何自己特殊的利益,从来不代表任何利益集团、任何权势团体、任何特权阶层的利益;决定了一百年来中国共产党团结带领中国人民进行的一切奋斗、一切牺牲、一切创造的主题始终是实现中华民族伟大复兴。

1848年2月,马克思、恩格斯为共产主义者同盟撰写的纲领性文献《共产党宣言》标志着共产党人的指导思想——马克思主义的创立。《共产党宣言》指出,共产党人"没有任何同整个无产阶级的利益不同的利益","始终代表整个运动的利益","在实践方面,共产党人是各国工人政党中最坚决的、始终起推动作用的部分;在理论方面,他们胜过其余无产阶级群众的地方在于他们了解无产阶级运动的条件、进程和一般结果"。[①] 这是共产党的基点。在共产国际和俄国共产党(布尔什维克)的指导下,中国共产党于1921年创立。1922年召开的中国共产党二大通过了加入共产国际的决定。中国共产党成立时就是先进的马克思主义政党,后来则成为马克思主义执政党、长期执政的马克思主义政党。

---

① 《马克思恩格斯选集》第1卷,北京:人民出版社,1995,第285页。

中国共产党成立以来,就始终坚持共产主义理想和社会主义信念。马克思主义第一次站在人民的立场探求人类自由解放的道路,以科学的理论为最终建立一个没有压迫、没有剥削、人人平等、人人自由的理想社会指明了方向。马克思主义是中国共产党人的行动指南。

"是什么"关系到中国共产党的性质宗旨。如何建设这样的共产党？1939年,毛泽东在《〈共产党人〉发刊词》中把党的建设称为"伟大的工程",提出努力建设团结统一、纪律严明、英勇善战的中国工人阶级的先锋队、中国人民和中华民族的先锋队,努力建设全国范围的、广大群众性的、思想上政治上组织上完全巩固的马克思主义政党。中国特色社会主义进入新时代,以习近平同志为核心的党中央面对世界百年未有之大变局,聚焦实现中华民族伟大复兴这一主题,强调要推进新时代党的建设新的伟大工程,把党建设成为始终走在时代前列、人民衷心拥护、勇于自我革命、经得起各种风浪考验、朝气蓬勃的马克思主义执政党。

1949年3月,面对解放战争即将迎来全面胜利、党即将执掌全国政权的形势,毛泽东在党的七届二中全会上告诫全党,夺取全国胜利,这只是万里长征走完了第一步,革命以后的路程更长,工作更伟大,更艰苦,"务必使同志们继续地保持谦虚、谨慎、不骄、不躁的作风,务必使同志们继续地保持艰苦奋斗的作风"①。在庆

---

① 《毛泽东选集》第四卷,北京：人民出版社,1991,第1438—1439页。

祝中国共产党成立一百周年大会上的讲话中,习近平总书记指出,勇于自我革命是中国共产党区别于其他政党的显著标志。习近平强调,我们要牢记打铁必须自身硬的道理,坚决清除一切损害党的先进性和纯洁性的因素,清除一切侵蚀党的健康肌体的病毒,确保党不变质、不变色、不变味,确保党在新时代坚持和发展中国特色社会主义的历史进程中始终成为坚强领导核心。如果说"两个务必"是对中国共产党作为执政的马克思主义政党的要求,那么"两个确保"则是新时代对中国共产党作为长期执政的马克思主义政党的要求。

二、对于中国共产党要干什么的回答,旨在弄清楚其践行能力

"要干什么"关系到中国共产党的使命任务。这不仅仅是建党之时要回答和解决的问题,也是贯穿于党百年奋斗历史全过程的问题。正是因为中国共产党在这个根本问题上始终保持清醒头脑,一以贯之、坚持如初,才成就了世界上最大的马克思主义政党、长期执政的马克思主义政党。

在中国共产党成立一百周年的视野中,国家蒙辱、人民蒙难、文明蒙尘是近代中国社会的真实写照。实现中华民族伟大复兴是中国共产党和中国人民百年奋斗、百年牺牲、百年创造的主题。围绕这个主题,党和人民书写了中华民族几千年历史上最恢宏的史诗。

在中国共产党在全国范围执政七十多年的视野中,积贫积弱、一穷二白是旧中国留给新中国的一个烂摊子,把我国建设成为

社会主义现代化国家是中国共产党和中国人民从"一五"计划到"十四五"规划的主题。围绕这个主题,党和人民创造了世所罕见的经济快速发展奇迹和社会长期稳定奇迹,党和人民书写了人民生活从温饱不足到总体小康、从全面小康到奔向现代化的精彩篇章。

在中国共产党推进改革开放、全面深化改革开放四十多年的视野中,如何走出一条指引中国发展繁荣的正确道路,使中国大踏步赶上时代、引领时代,是中国需要回答的时代之问、人民之问。坚持和发展中国特色社会主义是改革开放以来党的全部理论和实践的主题。围绕这个主题,党和人民书写了"走自己的道路,建设中国特色社会主义""中国特色社会主义进入新时代"这一人类发展史上的壮丽篇章。特别是党的十八大以来,我们党解决了许多长期想解决而没有解决的难题,办成了许多过去想办而没有办成的大事,推动党和国家事业取得历史性成就、发生历史性变革。

岁月如歌,征途如虹。形势决定任务,行动决定成就。路是一步一步走过来的,中国共产党人的事业是一件一件干出来的。

新民主主义革命时期,党面临的主要任务是,反对帝国主义、封建主义、官僚资本主义,争取民族独立、人民解放,为实现中华民族伟大复兴创造根本社会条件。这就明确了中国共产党要干什么。党领导人民浴血奋战、百折不挠,创造了新民主主义革命的伟大成就。浴血奋战、百折不挠,就是中国共产党人干事的精神状态和奋斗姿态。中国共产党回答了为什么革命、怎样取得革命胜利的重大时代课题。这就明确了中国共产党人干事的理路和举措。在这一时期,创立了毛泽东思想,实现了中国从几千年封建专制政治向人民民主的伟大飞跃,也极大地改变了世界政治格局。这就是中国共产党干事的结果和成效。

社会主义革命和建设时期,党面临的主要任务是,实现从新民主主义到社会主义的转变,进行社会主义革命,推进社会主义建设,为实现中华民族伟大复兴奠定根本政治前提和制度基础。这就明确了中国共产党要干什么。党领导人民自力更生、发愤图强,创造了社会主义革命和建设的伟大成就。自力更生、发愤图强,就是中国共产党人干事的精神状态和奋斗姿态。中国共产党回答了执政条件下建设什么样的党、执政条件下怎样建设党,什么是社会主义革命和社会主义建设、怎样推进社会主义革命和社会主义建设等重大时代课题。这就明确了中国共产党人干事的理路和举措。党领导人民实现了一穷二白、人口众多的东方大国大步迈进社会主义社会的伟大飞跃,还丰富和发展了毛泽东思想,实现了马克思主义中国化的第一次历史性飞跃。这就是中国共产党干事的结果和成效。

改革开放和社会主义现代化建设新时期,党面临的主要任务是,继续探索中国建设社会主义的正确道路,解放和发展社会生产力,使人民摆脱贫困、尽快富裕起来,为实现中华民族伟大复兴提供充满新的活力的体制保证和快速发展的物质条件。这就明确了中国共产党要干什么。党领导人民解放思想、锐意进取,创造了改革开放和社会主义现代化建设的伟大成就。解放思想、锐意进取,就是中国共产党人干事的精神状态和奋斗姿态。中国共产党回答了什么是社会主义、怎样建设社会主义,建设什么样的党、怎样建设党,实现什么样的发展、怎样发展等重大时代课题。这就明确了中国共产党人干事的理路和举措。在这一时期,形成了中国特色社会主义理论体系,实现了马克思主义中国化新的飞跃,推进了中华民族从站起来到富起来的伟大飞跃。这就是中国共产党干事的结果和成效。

党的十八大以来,中国特色社会主义进入新时代。党面临的主要任务是,实现第一个百年奋斗目标,开启实现第二个百年奋斗目标新征程,朝着实现中华民族伟大复兴的宏伟目标继续前进。这就明确了中国共产党要干什么。党领导人民自信自强、守正创新,创造了新时代中国特色社会主义的伟大成就。自信自强、守正创新,就是中国共产党人干事的精神状态和奋斗姿态。中国共产党回答了新时代坚持和发展什么样的中国特色社会主义、怎样坚持和发展中国特色社会主义,建设什么样的社会主义现代化强国、怎样建设社会主义现代化强国,建设什么样的长期执政的马克思主义政党、怎样建设长期执政的马克思主义政党等重大时代课题。这就明确了中国共产党人干事的理路和举措。在这一时期,创立了习近平新时代中国特色社会主义思想,实现了马克思主义中国化时代化新的飞跃,中华民族迎来了从站起来、富起来到强起来的伟大飞跃。这就是中国共产党干事的结果和成效。

三、从过去走向未来,对于中国共产党还要干什么的回答,旨在把握历史的主动

不忘初心,方得始终。过去一百年,中国共产党向人民、向历

史交出了一份优异的答卷。党的百年奋斗,从根本上改变了中国人民的前途命运,开辟了实现中华民族伟大复兴的正确道路,展示了马克思主义的强大生命力,深刻影响了世界历史进程,锻造了走在时代前列的中国共产党。勿忘昨天的苦难辉煌,无愧今天的使命担当,不负明天的伟大梦想。以史为鉴,开创未来。现在,党团结中国人民又踏上了实现第二个百年奋斗目标新的赶考之路。时代是出卷人,我们是答卷人,人民是阅卷人。我们一定要继续考出好成绩,在新时代新征程上展现新气象新作为,把我们的红色江山世世代代传下去。

这个新时代,是中国特色社会主义新时代而不是别的什么新时代,其核心内容就是强国时代、复兴时代。在这个新时代,中国共产党还要干什么?就是把我国全面建成富强民主文明和谐美丽的社会主义现代化强国,实现中华民族伟大复兴,使中华民族以更加昂扬的姿态屹立于世界民族之林,不断为人类作出更大贡献。

在新时代新征程上,我们要牢记中国共产党是什么、要干什么这个根本问题,把握历史发展大势,坚定理想信念,牢记初心使命,始终谦虚谨慎、不骄不躁、艰苦奋斗,从伟大胜利中激发奋进力量,从弯路挫折中吸取历史教训,不为任何风险所惧,不为任何干扰所惑,决不在根本性问题上出现颠覆性错误,以咬定青山不放松的执着奋力实现既定目标,以行百里者半九十的清醒不懈推进中华民族伟大复兴。恩格斯曾说:"一个知道自己的目的,也知道怎样达到这个目的政党,一个真正想达到这个目的并且具有达到这个目的所必不可缺的顽强精神的政党——这样的政党将是不可战胜的,特别是在当前这样的情况下,如果它的一切要求都符合本国经济发展的需要,而且正是这种经济发展的政治表现的话,那就更是如此。"①中国共产党正是这样的政党。正是在这个意义上,习近平总书记指出:"当今世界,要说哪个政党、哪个国家、哪个民族能够自信的话,那中国共产党、中华人民共和国、中华民族是最有理由自信的。"②这种自信,不是从天上掉下来的,也不是从书本上抄来的,而是在中国共产党团结带领中国人民一以贯之地埋头苦干、勇毅前行中得来的。

---

① 《马克思恩格斯全集》第39卷,北京:人民出版社,1974,第139页。
② 习近平:《在庆祝中国共产党成立95周年大会上的讲话》,《求是》2021年第8期。

"以政治建设为统领"与"以经济建设为中心"的深层逻辑

"以政治建设为统领"是中国共产党自身建设的必然要求,"以经济建设为中心"是中国共产党作为执政党领导社会主义事业的必然要求。"以政治建设为统领"是"以经济建设为中心"的政治保证,"以经济建设为中心"是"以政治建设为统领"的根本旨归,二者相辅相成。中国特色社会主义进入新时代,"以政治建设为统领""以经济建设为中心"具有了新的意蕴和旨归,二者之间的逻辑理路愈发清晰和彰显。

一、在对新时代党的建设总要求的完整把握中理解和坚持"以政治建设为统领"

办好中国的事情,关键在党。新时代,新要求。党的十九大报告中提出的新时代党的建设总要求标志着我们党对自身建设规律的认知达到了新的高度,反映了党和国家事业发展对执政党建设的时代要求,进一步丰富和发展了马克思主义政党建设理论。在新时代党的建设总体布局中,以党的政治建设为统领全面推进党的建设,就是要把党的政治建设摆在党的各项建设的首位,这是因为党的政治建设是党的根本性建设,决定党的建设方向和效果。

党的领导是中国特色社会主义最本质的特征,是中国特色社会主义制度的最大优势。坚持党的全面领导,首先是坚决做到"两个维护",这是党的领导的最高原则,是全党最大的政治、最重要的大局,是全党共同的政治责任。在新时代,党的政治领导有着更为广泛而丰富的内容。党的政治领导、政治能力、政治建设、政治生态、政治立场、政治意识、政治认同等,都被纳入党的政治领导理论的范畴和体系之中,构成了有机互动的统一体。以党的政治建设为统领,意在把增强"四个意识"、坚定"四个自信"、坚决做到"两个维护"作为党的政治建设的首要任务,意在统揽推进伟大斗争、伟大工程、伟大事业、伟大梦想。在新时代,以党的政治建设为统领,旨在通过正确的政治纲领、政治路线、政治立场、政治目标以及严明的政治纪律,涵养政治生态,防范政治风险,保证全体党员具有高度的政治觉悟,坚持正确政治方向,注重提高政治能力,维护党的团结统一,永葆共产党人政治本色,实现党肩负的政治使命。

在新时代,"以政治建设为统领",必须坚持以习近平新时代中国特色社会主义思想为指导。习近平新时代中国特色社会主义思想是马克思主义中国化时代化最新理论成果,是新时代坚持和加强党的全面领导,推进全面从严治党向纵深发展,不断提高党的执政能力和领导水平的重要内容;是指导推进新时代党的政治建设,确保全党统一意志、统一行动、步调一致向前进的总纲领和总遵循,意义重大而深远。

二、在对党的基本路线的完整把握中理解和坚持"以经济建设为中心"

中国特色社会主义进入新时代,我国社会主要矛盾已经转化为人民日益增长的美好生活需要和不平衡不充分的发展之间的矛盾。① 我国社会主要矛盾的变化是关系全局的历史性变化,对党和国家工作提出了许多新要求。从矛盾的一方来看,人民日益增长的美好生活需要,包括更好的教育、更稳定的工作、更满意的收入、更可靠的社会保障、更高水平的医疗卫生服务、更舒适的居住条件、更优美的环境、更丰富的精神文化生活等,这些都离不开丰富的物质基础,都需要有更高水平的生产力来支撑。从矛盾的另一方来看,不平衡不充分的发展,表明原有的总量矛盾转化为结构性矛盾,生产力发展处于非均衡状态。因此,坚持"以经济建设为中心"要求我们在继续推动发展的基础上,着力解决好发展不平衡不充分问题,大力提升发展质量和效益,更好地满足人民在经济、政治、文化、社会、生态等方面日益增长的需要,更好地推动人的全面发展和社会的全面进步。

我国社会主要矛盾的变化,没有改变我国仍处于并将长期处于社会主义初级阶段的基本国情,也没有改变我国是世界最大发展中国家的国际地位。全党要牢牢把握这一基本国情,立足社会主义初级阶段这个最大实际,自力更生,艰苦创业,为把我国建设

---

① 参见《习近平著作选读》第二卷,北京:人民出版社,2023,第10页。

成为富强民主文明和谐美丽的社会主义现代化强国而奋斗。在党的基本路线中,以经济建设为中心是兴国之要,四项基本原则是立国之本,改革开放是强国之路,建设社会主义现代化强国是奋斗目标。作为党和国家的生命线、人民的幸福线,以经济建设为中心,坚持四项基本原则,坚持改革开放,三者相互贯通、相互依存,有机统一于新时代中国特色社会主义伟大实践之中。

习近平总书记在庆祝改革开放40周年大会上的讲话中指出,"40年来,我们始终坚持以经济建设为中心,不断解放和发展社会生产力",中国特色社会主义建设不断取得举世瞩目的成就,"中国人民在富起来、强起来的征程上迈出了决定性的步伐"[①]。在新时代,只有坚持以经济建设为中心,坚持发展才是硬道理,坚持发展是党执政兴国的第一要务,坚持发展是第一要义,坚持新发展理念,努力实现更高质量、更有效率、更加公平、更可持续的发展,才能全面增强我国经济实力、科技实力、国防实力、综合国力、核心竞争力等,才能为坚持和发展新时代中国特色社会主义、实现中华民族伟大复兴奠定坚实的物质基础。

三、"以政治建设为统领"与"以经济建设为中心"的辩证关系

"以政治建设为统领"是中国共产党自身建设的必然要求,"以

---

① 习近平:《在庆祝改革开改40周年大会上的讲话》,《人民日报》2018年12月19日第2版。

经济建设为中心"是中国共产党作为执政党领导社会主义事业的必然要求。"以政治建设为统领"是"以经济建设为中心"的政治保证,"以经济建设为中心"是"以政治建设为统领"的根本旨归,二者相辅相成。这是马克思主义唯物史观的基本要求。

中国共产党是中国工人阶级的先锋队,同时是中国人民和中华民族的先锋队,是中国特色社会主义事业的领导核心,代表中国先进生产力的发展要求,代表中国先进文化的前进方向,代表中国最广大人民的根本利益。只有加强党的政治建设,才能保证党的政治方向明确、政治原则坚定、政治路线正确,才能统一全党意志、凝聚全党力量,为实现党的纲领和目标而共同奋斗。新时代强调"以政治建设为统领",其道理就在这里,其意义就在这里。

必须坚持以经济建设为中心是党的根本宗旨的题中应有之义。新中国成立之初,在一穷二白的情况下,中国共产党带领中国人民艰苦奋斗、自力更生,搞经济建设。全国人大三届一次会议首次提出了把我国建设成为社会主义现代化强国的宏伟设想。改革开放初期,党中央提出了我国社会主义现代化建设分三步走的战略目标。党的十八大明确提出"两个一百年"奋斗目标。党的十九大把握中国特色社会主义新时代发展大势,提出了决胜全面建成小康社会、开启全面建成社会主义现代化强国新征程的战略目标。在新时代,实现党提出的宏伟愿景,必须坚持以经济建设为中心,实施科教兴国战略、人才强国战略、创新驱动发展战略、乡村振兴战略、区域协调发展战略、可持续发展战略、军民融合发展战略,充分发挥科学技术作为第一生产力的作用,充分发挥创新作为引领发展第一动力的作用,依靠科技进步,提高劳动者素质,促进国民经济更高质量、更有效率、更加公平、更可持续发展,不断壮大我国经济实力和综合国力。

新时代新征程,只有以党章为根本遵循,以党的政治建设为统领,思想建党和制度治党同向发力,统筹推进党的各项建设,才能把党锻铸为一块整钢,永葆我党作为马克思主义执政党的政治本色。只要坚持以经济建设为中心,统筹推进"五位一体"总体布局,协调推进"四个全面"战略布局,就能不断拓展实现社会主义现代化、创造人民美好生活的光明大道,汇聚实现中华民族伟大复兴的磅礴力量。

解决如何始终统一思想、统一意志、统一行动难题

在世界政党发展史上,中国共产党的存在和发展是极其独特的政治景观。中国共产党是中国工人阶级的先锋队,同时是中国人民和中华民族的先锋队。为中国人民谋幸福、为中华民族谋复兴是中国共产党的初心使命。在波澜壮阔的历史进程中,中国共产党始终聚焦聚力不同时期、不同阶段的鲜明主题和中心任务。坚持和发展中国特色社会主义是改革开放以来党的全部理论和实践的主题。建设和推进社会主义现代化是新中国成立以来从"一五"计划到"十四五"规划一以贯之的主题。百余年来,中国共产党团结带领中国人民进行的一切奋斗、一切牺牲、一切创造,归结起来就是一个主题:实现中华民族伟大复兴。中国共产党人的事业是千千万万人的事业,需要千千万万人的参与,统一思想、统一意志、统一行动是这一事业不断取得成功、走向辉煌的制胜密码。面向未来,全面建设社会主义现代化国家、全面推进中华民族伟大复兴,同样关键在党。对于拥有百余年历史和9918.5万名党员[①]、时刻保

[①] 数据统计时间截至2023年年底。

持解决大党独有难题的清醒和坚定的中国共产党来说,如何始终统一思想、统一意志、统一行动,是实现新时代新征程党的使命任务必须迈过的其中的一道坎,是全面从严治党适应新形势新要求必须啃下的其中的一块硬骨头,并因而具有新时代意蕴和旨归。

一、统一思想,始终坚持以习近平新时代中国特色社会主义思想为指导

思想是行动的先导,理论是实践的指南。有统一的思想才有统一的行动,有科学的理论才有正确的行动。思想是组织的灵魂。没有统一的思想,一个组织特别是一个政党组织必将在一叶障目中成为乌合之众和一盘散沙,必将在茫然无措中陷入故步自封的泥淖而不能自拔。重视思想建设、理论创新,是马克思主义政党的优良传统和鲜明特色。

推进马克思主义中国化时代化是一个追求真理、揭示真理、笃行真理的过程。百余年来,中国共产党在革命、建设、改革和新时代的伟大实践中创立了毛泽东思想、邓小平理论、"三个代表"重要思想、科学发展观、习近平新时代中国特色社会主义思想等马克思主义中国化时代化的理论成果。习近平新时代中国特色社会主义思想是当代中国马克思主义、21世纪马克思主义,是中华文化和中国精神的时代精华,是党和人民实践经验和集体智慧的结晶,是中国特色社会主义理论体系的重要组成部分,是全党全国人民为实现中华民族伟大复兴而奋斗的行动指南,必须长期坚持并不断发展。新时代新征程,统一思想,就是要始终坚持以习近平新时代

中国特色社会主义思想为科学指导、行动指南。

时代是思想之母,实践是理论之源。离开实践的理论是空洞的理论,没有理论指导的实践是盲目的实践。党的十八大以来,中国特色社会主义进入新时代。这是一个需要理论而且一定能够产生理论的时代,这是一个需要思想而且一定能够产生思想的时代。新时代产生新思想,新思想引领新实践。习近平新时代中国特色社会主义思想是新时代的实践结晶,是新时代的精神旗帜,是新时代的方向引领。

马克思主义创造性地揭示了人类社会发展规律,指引着人民改造世界的行动,同时,它在发展中始终站在时代前沿。马克思主义博大精深,归根到底就是一句话,为人类求解放。"十月革命一声炮响,给我们送来了马克思列宁主义。"[①] 马克思主义不仅深刻改变了世界,也深刻改变了中国。怎样认识和对待马克思主义?怎样坚持和发展马克思主义?中国共产党人深刻认识到,只有把马克思主义基本原理同中国具体实际相结合、同中华优秀传统文化相结合,坚持运用辩证唯物主义和历史唯物主义,才能正确回答时代和实践提出的重大问题,才能始终保持马克思主义的蓬勃生机和旺盛活力。

党的十八大以来,国内外形势新变化和实践新要求,迫切需要我们从理论和实践结合上深入回答关于党和国家事业发展、

---

① 《毛泽东选集》第四卷,北京:人民出版社,1991,第1471页。

党治国理政的一系列重大时代课题,主要是新时代坚持和发展什么样的中国特色社会主义、怎样坚持和发展中国特色社会主义,建设什么样的社会主义现代化强国、怎样建设社会主义现代化强国,建设什么样的长期执政的马克思主义政党、怎样建设长期执政的马克思主义政党等重大时代课题。在对重大时代课题的科学回答中,中国共产党人创立了习近平新时代中国特色社会主义思想。这是新时代我们党勇于进行的理论探索和创新,它以全新的视野深化了对共产党执政规律、社会主义建设规律、人类社会发展规律的认识。党的十九大提出的"八个明确""十四个坚持",党的十九届六中全会提出的"十个明确""十三个方面成就",集中概括了习近平新时代中国特色社会主义思想这一重大理论创新成果的主要内容。

实践没有止境,理论创新没有止境。迈上新征程,以习近平同志为主要代表的中国共产党人,坚持解放思想、实事求是、与时俱进、求真务实,一切从实际出发,着眼解决新时代改革开放和社会主义现代化建设的实际问题,不断回答中国之问、世界之问、人民之问、时代之问,作出符合中国实际和时代要求的正确回答,得出符合客观规律的科学认识,形成与时俱进的理论成果,更好指导中国实践,从而确保党的中心任务的实现。

行源于心,力源于志。思想上的坚定,离不开理论上的清醒。政治上的坚定,同样离不开理论上的清醒。行动上的坚定,尤其离不开理论上的清醒。马克思曾指出:"批判的武器当然不能代替武器的批判,物质力量只能用物质力量来摧毁;但是理论一经掌握群众,也会变成物质力量。"① 新时代新征程,全党最大的政治任务就是用习近平新时代中国特色社会主义思想统一认识、武装全党、教育人民、指导实践、谋求发展,引领全体党员特别是党员干部深刻领会习近平新时代中国特色社会主义思想的核心要义、精神实质、丰富内涵、实践要求,把握好习近平新时代中国特色社会主义思想的世界观和方法论,坚持好、运用好贯穿其中的立场观点方法,从中找到解决问题的金钥匙。由此,真正做到举一纲而万目张、解一卷而众篇明。

二、统一意志,始终坚持以党的旗帜为旗帜、以党的方向为方向、以党的意志为意志

中国共产党的领导是历史的选择、人民的选择。历史已经证明并将继续证明,在广袤无垠的中华大地上,党的旗帜是胜利的旗帜,党的方向是正确的方向,党的意志是奋斗的精神和奋进的姿态。

统一意志,始终坚持以党的旗帜为旗帜、以党的方向为方向、以党的意志为意志,归根到底就是坚持和加强党的政治建设,永葆对党忠诚的政治底色。具体而言,在新时代新征程,必须深刻领会"两个确立"的决定性意义,并转化为坚决做到"两个维护"的高度自觉,高举习近平新时代中国特色社会主义思想伟大旗帜,坚持不懈用习近平新时代中国特色社会主义思想武装头脑、凝心铸魂、

---

① 《马克思恩格斯文集》第1卷,北京:人民出版社,2009,第11页。

指导实践、推动工作,坚定不移走中国特色社会主义道路,矢志不渝做中国特色社会主义事业的建设者和捍卫者,始终在思想上政治上行动上同以习近平同志为核心的党中央保持高度一致,坚定自觉忠诚核心、信赖核心、紧跟核心、维护核心,始终在政治立场、政治方向、政治原则、政治道路上同党中央保持高度一致,不断增强维护党中央集中统一领导的思想自觉、政治自觉、行动自觉。任何时候任何情况下,都要始终做到在党言党、在党忧党、在党为党,为党分忧、为党尽责、为党奉献,党中央提倡的坚决响应,党中央决定的坚决照办,党中央禁止的坚决杜绝,在党中央统一指挥的合奏中形成和声,决不能荒腔走板、变味走调。百余年来,任何困难都没有压垮我们,任何敌人都没能打倒我们,靠的就是全党始终统一意志,靠的就是千千万万党员对党的忠诚。

统一意志,就要坚持马克思主义立场。马克思主义是我们立党立国、兴党兴国、强党强国的根本指导思想。实践告诉我们,中国共产党为什么能,中国特色社会主义为什么好,归根到底是马克思主义行,是中国化时代化的马克思主义行。拥有马克思主义科学理论指导,是我们党坚定理想信念、把握历史主动的根本之所在。中国共产党是马克思主义的忠诚信奉者和坚定实践者。马克思主义政党是中国共产党的根本属性。历史告诉我们,中国共产党没有辜负马克思主义,马克思主义没有辜负中国共产党,二者相得益彰、彼此成就。

统一意志,就要坚决站稳党性立场,坚决做到对党绝对忠诚,与党中央同心同德,真心爱党、时刻忧党、坚定护党、全力兴党。

古人云,天下至德,莫过于忠;天下至仁,莫过于诚。列宁曾指出:"没有'人类的情感',就从来没有也不可能有人类对于真理的追求。"①对党绝对忠诚,是中国共产党人必须具备的政治品格,是最低标准也是最高要求。这种"绝对",是纯粹的、唯一的、彻底的、无条件的、不打折扣的、不掺任何杂质的、没有任何水分的忠诚。任何时候任何情况下,都必须做到不改其心、不移其志、不毁其节。而要做到对党绝对忠诚,就必须不断提高政治判断力、政治领悟力、政治执行力,自觉同党的基本理论、基本路线、基本方略对标对表,同党中央决策部署对标对表,提高政治站位,把准政治方向,坚定政治立场,明确政治态度,严守政治纪律,经常校正偏差,真正做到忠诚于党和人民,忠诚于党的理想信念,忠诚于党的初心使命,忠诚于党的组织,忠诚于党的理论和路线方针政策,严守党的政治纪律和政治规矩,切实把对党绝对忠诚铭刻在灵魂中、融入血脉里,保证全党上下拧成一股绳,心往一处想、劲往一处使,决不能在政治方向上走偏了、在政治道路上走错了。

统一意志,就要坚持人民立场,坚持为人民谋幸福的使命和全心全意为人民服务的宗旨。旗帜引领方向,旗帜和方向冶铸意志。党的旗帜是党的指导思想和行动指南,是中国共产党人初心使命的集中彰显。始终不忘初心、牢记使命,成就了我们党这个百年大党,同时将亿万人民聚集在鲜红的旗帜之下。新时代新征程,必须

---

① 《列宁全集》第25卷,北京:人民出版社,1988,第117页。

坚持以人民为中心,把人民放在心中最高位置,立党为公、执政为民,进一步涵养"江山就是人民、人民就是江山"的真挚情怀和使命担当,始终牢记共产党员这个第一身份、为党工作这个第一职责、为民谋利这个第一目标,始终相信人民,紧紧依靠人民,把人民对美好生活的向往作为奋斗目标,为了人民再出发、再拼搏。面对可以预见和不可预见的各种风险挑战,必须毫不动摇坚持人民至上、生命至上。面对各种两难甚至多难抉择,必须自觉把人民利益作为决定行动的优先序。面对人民群众的多元诉求,无论大小难易,必须将心比心、尽心尽力办实办好,使人民群众的获得感、幸福感、安全感更加充实、更有保障、更可持续,从而使全党全国各族人民在党的旗帜下团结成"一块坚硬的钢铁",在前进道路上凝成无坚不摧的强大力量。

三、统一行动,始终坚持并始终做到全党万众一心、步调一致向前进

统一思想、统一意志不是空洞的口号、不能只停留在口头上,它是具体的、实践的,必须体现在贯彻党中央决策部署的行动上,体现在履职尽责、做好本职工作的实效上,体现在日常言行上,即必须体现在统一行动上。马克思曾指出:"一步实际运动比一打纲领更重要。"① 在党的二十大报告中,习近平总书记号召全党全军

---

① 《马克思恩格斯选集》第3卷,北京:人民出版社,2012,第355页。

全国各族人民要紧密团结在党中央周围,牢记空谈误国、实干兴邦,坚定信心、同心同德,埋头苦干、奋勇前进,为全面建设社会主义现代化国家、全面推进中华民族伟大复兴而团结奋斗。这是新时代新征程统一行动的根本内容。

中国共产党成立时只有50多名党员,今天已经成为拥有9918.5万名党员、领导着14亿多人口大国、具有重大全球影响力的世界第一大执政党。这样一个大党,统一思想、统一意志、统一行动,特别是统一行动,极其不易。

统一行动不是一个新问题,而是一个历史问题,但又是一个不得不经常谈起和强调的问题。早在1945年4月21日,在党的七大预备会议上,毛泽东在《"七大"工作方针》的重要讲话中就曾指出:"我们大会的方针是什么呢?应该是:团结一致,争取胜利。简单讲,就是一个团结,一个胜利。胜利是指我们的目标,团结是指我们的阵线,我们的队伍。"[1]毛泽东强调,我们的大会要向前看,而不是向后看。我们现在还没有胜利,前面还有困难。我们必须谦虚谨慎,戒骄戒躁,团结得像一个人一样。毛泽东还形象地说:"要知道,一个队伍经常是不大整齐的,所以就要常常喊看齐,向左看齐,向右看齐,向中间看齐,我们要向中央基准看齐,向大会基准看齐。看齐是原则,有偏差是实际生活,有了偏差,就喊看齐。"[2]毛泽

---

[1]《毛泽东文集》第三卷,北京:人民出版社,1996,第287页。
[2]《毛泽东文集》第三卷,北京:人民出版社,1996,第287—298页。

东讲的"看齐",就是为了"团结一致,争取胜利"的看齐。习近平总书记指出,经常喊看齐是我们党加强自身建设的规律和经验。只有经常喊看齐,只有各级党组织都经常喊看齐,才能时刻警醒、及时纠偏,使全党始终保持整齐昂扬的奋进状态。习近平总书记多次强调,党面临的形势越复杂、肩负的任务越艰巨就越要确保全党统一意志、统一行动、步调一致向前进。面对中华民族伟大复兴战略全局和世界百年未有之大变局,面对从现在起党的中心任务,如果不能形成统一思想、统一意志、统一行动,党就没有政治领导力、思想引领力、组织凝聚力、社会号召力。苏联共产党解散、苏联解体、苏联社会主义制度覆亡的沉痛教训非常深刻地警示着人们,在现代政治生活中,政党的规模越来越大,内部复杂程度就会越来越明显。如果不能总是清醒、坚定地应对党内外的挑战,不能时刻保持警醒的看齐意识、统一意识,就会在错综复杂的形势面前丧失队伍、丢失阵地,甚至亡党亡国,这绝不是危言耸听。

过去一百年,中国共产党向人民、向历史交出了一份优异的答卷。现在,中国共产党团结带领中国人民又踏上了实现第二个百年奋斗目标新的"赶考"之路。毋庸讳言,违反中央八项规定精神的问题、"四风"问题、"七个有之"问题、自以为是的问题等,今天并未完全绝迹。这些问题反映出一些人看齐意识不强,忘记了自己的言行要始终与党中央保持一致,自己的步调要始终与党中央保持一致。针对这些现实问题,习近平总书记告诫我们,要"经常、主动向党中央看齐,向党的理论和路线方针政策看齐",以达到全党统一行动。事实证明,一个政党、一个组织,能否最终实现整齐划

一、团结统一,既表现在思想认识上,也展现在精神状态中,更体现在实际行动上,要切实做到"齐心、齐力、齐步"。

统一思想、统一意志、统一行动是相辅相成的、不可分割的有机统一体。辩证地看,统一思想是基础和前提,统一意志是条件和保障,统一行动是指向和旨归。新时代新征程,统一思想、统一意志、统一行动,归根到底就是要统一到实现党的中心任务上来。我们要做的,就是始终坚持运用党的创新理论凝聚全党意志、引领全党前行,使全党始终保持统一的思想、协调的行动、强大的战斗力,从一个胜利走向另一个胜利,从一个辉煌走向另一个辉煌。

如何始终保持干事创业精神状态

始终保持干事创业精神状态,是中国共产党的政治本色和优良传统,是深入推进中国式现代化的必然要求。确保党和国家事业不断推向前进,全党必须以干事创业、积极进取的担当和作为,为全面建成社会主义现代化强国、以中国式现代化全面推进中华民族伟大复兴作出新的贡献。

一、是否始终保持干事创业精神状态关乎党和国家事业兴衰成败

人无精神不立,国无精神不强。一个政党拥有什么样的精神状态,能否始终保持良好精神状态,关乎这个政党的前途命运,关乎事业的兴衰成败。干事创业精神状态,本质上是基于实践的一种积极的精神状态,是干事创业者内在的奋斗状态、奋进姿态的集中体现。作为马克思主义政党,我们党无论是在革命战争时期战胜强大敌人,还是在社会主义建设时期克服物质困难,抑或是在改革开放后冲破束缚生产力发展障碍,在新时代进行具有许多新的历史特点的伟大斗争,都始终保持着干事创业、昂扬奋进的精神状态。也正因为一以贯之具备这种积极的精神状态,我们党才能团结带领全国各族人民取得举世瞩目的伟大成就。正如习近平总书记所指出的:"我们党之所以历经百年而风华正茂、饱经磨难而生生不息,就是凭着那么一股革命加拼命的强大精神。"①

党的十八大以来,党内政治生活气象更新,风清气正的政治生态不断形成和发展,广大党员干部迎来干事创业的新时代。然而,执政几十年承平日久,怠惰乃生。现实中,许多党员干部没有参加过血与火的严酷斗争,没有经历过艰难困苦的锤炼磨砺;一些年轻干部经受政治历练较少、接受组织考验时间较短,看问题的格局和视野相对不高,有时会受到"躺平"等观念的影响。这容易使他们选择安于现状、贪图享乐,不思进取、不敢斗争。习近平总书记对此深刻指出:"功成名就时做到居安思危、保持创业初期那种励精图治的精神状态不容易。"②如果党员干部队伍精神状态不佳、担当不力、干劲不足,势必会影响党的路线方针政策的贯彻落实,贻误党和国家事业发展。

在长期执政条件下,始终保持干事创业精神状态,就是要始终保持艰苦奋斗、奋发有为的精气神,敢于斗争、善于斗争,勇于担当作为,全力战胜前进道路上各种困难和挑战,依靠顽强斗争不

---

① 习近平:《在党史学习教育动员大会上的讲话》,北京:人民出版社,2021,第23页。

② 《论学习贯彻习近平总书记"1·5"重要讲话》,北京:人民出版社,2018,第21页。

断打开事业发展新天地。中国共产党人的事业是一场艰巨繁重、永不停歇的接力跑。新征程上,面对更为严峻复杂的国内外环境,要实现新的奋斗目标,必须始终保持干事创业的精神状态。习近平总书记在党的二十大上郑重告诫:"全党同志务必不忘初心、牢记使命,务必谦虚谨慎、艰苦奋斗,务必敢于斗争、善于斗争,坚定历史自信,增强历史主动,谱写新时代中国特色社会主义更加绚丽的华章。"① 始终保持干事创业精神状态,大力提振全党的士气和斗志,全面建成社会主义现代化强国、实现中华民族伟大复兴的宏伟目标就一定能够实现。

二、保持"创业不易,守业更难"的清醒与坚定,不断打开事业发展新天地

始终保持干事创业精神状态,就是对党和国家事业永葆忠诚,任何时候任何情况下都敢于担当使命责任。为官避事平生耻。面对困难、矛盾和挑战,愿不愿担当,敢不敢担当,能不能担当,是对党员干部政治品质、综合素质和工作能力的检验。衡量党员干部行不行,一个重要标准就是看其有没有一副"铁肩膀"。习近平总书记强调:"干部敢于担当作为,这既是政治品格,也是从政本分。"② 党员干部必须以绝对忠诚的信念,不断净化思想、提高认识,讲纪律、

---

① 《习近平著作选读》第一卷,北京:人民出版社,2023,第1—2页。
② 习近平:《努力造就一支忠诚干净担当的高素质干部队伍》,《求是》2019年第2期。

守规矩,自觉把使命放在心上、把责任扛在肩上,以饱满的热情履职尽责。

始终保持干事创业精神状态,就是要始终昂扬向上,奋发有为。创业不易,守业更难。党的二十大明确了新时代新征程中国共产党的中心任务。目标越是宏伟,越要振奋精神;任务越是艰巨,越要保持状态。习近平总书记指出:"越是伟大的事业,越是充满挑战,越需要知重负重。全党同志都要保持'越是艰险越向前'的英雄气概,保持'敢教日月换新天'的昂扬斗志,埋头苦干、攻坚克难,努力创造无愧于党、无愧于人民、无愧于时代的业绩。"[①] 精神饱满的程度,关系到工作动力的大小;精神昂扬的程度,关系到奋进勇气的强弱。在使命面前不懈怠、不放松,在困难面前不退缩、不动摇,是良好精神状态的具体表现;以饱满的工作热情、强烈的发展激情创造生机勃勃的工作状态,开创奋发有为的工作局面,是良好精神状态的必然结果。

始终保持干事创业精神状态,就是要不断开拓创新、锐意进取。创新,就是不墨守成规、不故步自封,而是与时俱进、勇立潮头,主动作为、自觉而为,主动适应新形势新变化,确立新理念,开启新思路,掌握新方法,增强新本领,摆脱旧的路径依赖,走出新的通途坦途。新征程上,越是面对风高浪急甚至惊涛骇浪的重大考

---

① 习近平:《在"七一勋章"颁授仪式上的讲话》,北京:人民出版社,2021,第9页。

验,越需要坚定信念信心,保持蓬勃朝气和浩然正气,越需要锐意进取,勇往直前,闯关突围,迎难而上,甚至逆势发展,始终做到吾志所向,一往无前;愈挫愈勇,再接再厉。

始终保持干事创业精神状态,就是要持续改进作风、久久为功。业绩都是干出来的。真干,才能真出业绩、出真业绩。"天下事有难易乎?为之,则难者亦易矣,不为,则易者亦难矣。"这启迪我们,任何时候都必须真抓实干,不搞形式主义、不摆花架子,以钉钉子的精神干事创业,既有拼劲又有韧劲,钉得准、钉得深、钉得牢,确保干一事成一事、不断积小胜为大胜。同时,要增强全局意识,始终维护发展大局,以饱满的精神状态创造出经得起时间、历史检验的业绩,向人民交出一份份新的合格答卷。功成不必在我、功成必定有我,应成为新时代中国共产党人的箴言。

始终保持干事创业精神状态,就是要不断激励干部增强干事创业的精气神。习近平总书记指出:"全面从严治党的目的是更好促进事业发展。严管不是把干部管死,不是把干部队伍搞成一潭死水、暮气沉沉,而是要激励干部增强干事创业的精气神。"[①] 这要求我们必须坚持把全面从严治党和激励担当作为有机统一起来,做到严管和厚爱结合、激励和约束并重。通过明方向、立规矩、正风气、强免疫,形成风清气正的党内政治生态,营造有利于干事创业

---

① 习近平:《努力造就一支忠诚干净担当的高素质干部队伍》,《求是》2019年第2期。

的良好环境和浓厚氛围。敢于为担当者担当、为负责者负责、为干事者撑腰,善于发现、培养、使用敢担当善作为的干部,着力消除妨碍干部担当作为的各种因素,让愿担当、敢担当、善担当蔚然成风。这样做,旨在进一步调动全党的积极性、主动性、创造性,形成奋进新征程、建功新时代的生动局面,同时不断培育干事创业的优秀党员干部,使我们党和国家的事业后继有人且人才辈出。

保持干事创业精神状态,就是要坚持发扬斗争精神,敢于斗争、善于斗争、敢于胜利。全面建设社会主义现代化国家、全面推进中华民族伟大复兴,都是开创性事业,都是系统工程,都不是轻轻松松、敲锣打鼓就能实现的,必然会遇到各种可以预料和难以预料的风险挑战甚至惊涛骇浪。必须增强忧患意识,坚持底线思维,居安思危、未雨绸缪,敢于斗争、善于斗争,不信邪、不怕鬼、不怕压。必须一贯保持战略清醒,对各种风险挑战做到胸中有数;保持战略自信,增强斗争的底气;保持战略主动,增强斗争本领,通过顽强斗争打开事业发展新天地。

以党的自我革命引领社会革命的新时代意蕴和旨归及其逻辑机理

党的二十大，是在全党全国各族人民迈上全面建设社会主义现代化国家新征程、向第二个百年奋斗目标进军的关键时刻召开的一次十分重要的大会。习近平总书记在党的二十大报告中明确了新时代新征程中国共产党的使命任务，指出："从现在起，中国共产党的中心任务就是团结带领全国各族人民全面建成社会主义现代化强国、实现第二个百年奋斗目标，以中国式现代化全面推进中华民族伟大复兴。"[①] 全面推进中华民族伟大复兴，关键在党。新征程，党面临的"四大考验""四大危险"将长期存在，全面从严治党永远在路上，党的自我革命永远在路上。新征程，是充满光荣与梦想的远征，前途光明，任重道远。我们要做的就是，深入推进新时代党的建设新的伟大工程，全面落实新时代党的建设总要求，以党的自我革命引领社会革命。

---

① 《习近平著作选读》第一卷，北京：人民出版社，2023，第18页。

一、新时代中国特色社会主义是伟大社会革命

"革命"是一个内涵丰富、广泛使用的概念。古代中国,"革命"的含义是变革天命、改朝换代。《周易·革卦·象传》曰:"天地革而四时成,汤武革命,顺乎天而应乎人。"古代西方,在词源学的意义上,revolution 来自天文学,其意是指星体在轨道上旋转一周后,回到最初的出发点。这就是说,"革命"源于"轮回"与"复归"。就哲学的维度而言,"革命"是指各个领域、各种事物所具有的否定、质变和飞跃意蕴的变化、变革。在当代,政治、经济、科技等领域的重大革新,有时也被称之为革命。

革命是国际共产主义运动实践中的一个基本概念、基本命题。马克思主义经典作家认为,革命的主体是无产阶级或工人阶级,革命的任务是解决资本与雇佣劳动之间的矛盾,革命的根本问题是国家政权问题,革命的作用是牵引历史前进,革命的秘密是无产阶级的解放,革命的使命是最终建立每个人的自由发展是一切人自由发展的条件的自由人联合体,而人的自由发展即是人的解放。在纪念马克思诞辰 200 周年大会上的讲话中,习近平总书记精辟指出:"马克思主义博大精深,归根到底就是一句话,为人类求解放。"① 国际共产主义运动和马克思主义视野中的"革命",是指社会革命或政治革命。马克思指出:"每一次革命都破坏旧社会,就

---

① 习近平:《在纪念马克思诞辰 200 周年大会上的讲话》,北京:人民出版社,2018,第 8 页。

这一点来说,它是社会的。每一次革命都推翻旧政权,就这一点来说,它是政治的。"①马克思还指出:"任何一次真正的革命都是社会革命,因为它使新阶级占据统治地位并且让这个阶级有可能按照自己的面貌来改造社会。"②这就意味着,革命不仅指政权的更替,政治、社会和经济秩序的大规模变革甚至根本性重建也属于革命的范畴。从这个意义上来说,社会革命一般是指通过解决生产力与生产关系、经济基础和上层建筑之间的矛盾,使人的本质力量得到逐步实现和充分发展的实践过程。马克思主义唯物史观认为,生产力和生产关系之间的矛盾、经济基础和上层建筑之间的矛盾是贯穿人类社会始终的基本矛盾;生产关系一定要适合生产力状况、上层建筑一定要适合经济基础状况的规律是在任何社会中都起作用的普遍规律。从诞生之日起,中国共产党就把进行社会革命写在自己的旗帜上。党的"一大"纲领就郑重提出:"党的根本政治目的是实行社会革命。"③"共产主义者的目的是要按照共产主义者的理想,创造一个新的社会。"④这是我们今天理解新时代中国特色社会主义这一伟大社会革命的历史根由。

---

① 《马克思恩格斯全集》第3卷,北京:人民出版社,2002,第395页。
② 《马克思恩格斯文集》第3卷,北京:人民出版社,2009,第393页。
③ 《中国共产党第一次代表大会档案资料(增订本)》,北京:人民出版社,1984,第6页。
④ 《中国共产党第一次代表大会档案资料(增订本)》,北京:人民出版社,1984,第2页。

社会革命的渊源和内容,是同一定社会历史条件下的主题紧密连在一起的。关于主题,我们党曾先后提出三个重要论断。其一,自诞生以来,中国共产党团结带领中国人民进行的一切奋斗、一切牺牲、一切创造,归结起来就是一个主题:实现中华民族伟大复兴。其二,自中华人民共和国成立以来,把我国建设成为社会主义现代化国家,是从第一个五年计划到第十四个五年规划一以贯之的主题。其三,坚持和发展中国特色社会主义,是改革开放以来我们党全部理论和实践的主题。这三个主题,在时间上有交叉,在内容上有重叠,它们是相辅相成的,是同向同行的。

从党的十二大的开幕词提出"走自己的道路,建设有中国特色的社会主义",到党的二十大报告强调"高举中国特色社会主义伟大旗帜",坚持和发展中国特色社会主义的主题作为一条红线和主线贯通整整四十年岁月,这在世界政党政治史上特别是世界政党执政史上是绝无仅有的。改革和中国特色社会主义都是伟大社会革命。改革开放是决定当代中国命运的关键一招,是坚持和发展中国特色社会主义、实现中华民族伟大复兴的必由之路。中国特色社会主义进入新时代,改革也面临新的任务。解决前进道路上的困难和问题,关键在于全面深化改革。

改革是一场革命。改革开放以来,我们党团结带领全国各族人民不懈奋斗,推动我国综合国力进入世界前列,国际地位实现前所未有的提升,党的面貌、国家的面貌、人民的面貌、军队的面貌、中华民族的面貌发生了前所未有的变化。

中国特色社会主义是伟大社会革命。在推进中国特色社会主义伟大事业的历史进程中,我们党领导人民开辟了中国特色社会主义道路,形成了中国特色社会主义理论体系,确立了中国特色社会主义制度,发展了中国特色社会主义文化,不断丰富着中国特色社会主义的实践特色、理论特色、民族特色、时代特色。

新时代中国特色社会主义是伟大社会革命。新时代中国特色社会主义继承了我们党领导人民进行"打破旧世界,建设新中国"伟大社会革命的成果,是在以往伟大社会革命的基础上实现的,而且它本身就是一场具有新的性质和内涵的伟大社会革命。今天,我们正在做的,就是致力于这一伟大社会革命的继续,并使之一以贯之地进行下去。新民主主义革命、社会主义革命、改革开放新的伟大革命、新时代的伟大革命,具有一脉相承的内在联系和历史逻辑。因此,新时代中国特色社会主义这场伟大的社会革命,"其来有自",且方向明确,既有路线图也有时间表。党的十九届六中全会通过的《中共中央关于党的百年奋斗重大成就和历史经验的决议》指出:"党的十八大以来,中国特色社会主义进入新时代。党面临的主要任务是,实现第一个百年奋斗目标,开启实现第二个百年奋斗目标新征程,朝着实现中华民族伟大复兴的宏伟目标继续前进。"①习近平总书记郑重告诫我们,实现中华民族伟大复兴绝不是轻轻松松、敲锣打鼓就能实现的。

---

① 《中共中央关于党的百年奋斗重大成就和历史经验的决议》,北京:人民出版社,2021,第23页。

习近平总书记深谙马克思主义唯物史观,深谙马克思主义革命理论和社会革命的辩证法。习近平总书记指出,历史和现实都告诉我们,一场社会革命要取得最终胜利,往往需要一个漫长的历史过程。这是因为,除旧布新的社会革命,是一个不断克服阻力、不断调整、不断非线性向前的变革过程。"除旧"不易,"布新"更难。由此,把我们党领导中国人民进行了一百余年的伟大社会革命继续推进下去,把新时代中国特色社会主义这场伟大革命进行好,充分释放、持续释放社会革命的潜能和效力,就成为我们必须直面的新时代重大课题。

一以贯之推进新时代中国特色社会主义这场伟大社会革命,要求我们始终保持清醒的头脑和认识,始终保持革命者的政治立场、自我革命的独特品格和饱满的革命精神、旺盛的革命斗志;要求我们深刻领会"时代是出卷人,我们是答卷人,人民是阅卷人"的重要结论蕴含的道理学理哲理,深刻领会"三个务必"的新时代庄严告诫书和政治动员令,即全党同志务必不忘初心、牢记使命,务必谦虚谨慎、艰苦奋斗,务必敢于斗争、善于斗争,坚定历史自信,增强历史主动,谱写新时代中国特色社会主义更加绚丽的华章。

在党的二十大报告所明确提出的中心任务中,中国式现代化、社会主义现代化强国、中华民族伟大复兴是关键词。新时代新征程,全面建成社会主义现代化强国、实现中华民族伟大复兴就是一场伟大的社会革命。党的十九大报告、党的二十大报告,对于到2035年建成社会主义现代化国家、到21世纪中叶建成社会主义现代化强国时的样态都进行了战略擘画。党的二十大报告对未来五年开局起步关键时刻的目标任务进行了详尽描绘。习近平总书记指出，实现中华民族伟大复兴，其基本内涵就是国家富强、民族振兴、人民幸福。具体地说，实现中华民族伟大复兴，具有自己独特的时空坐标，在宽广的世界视野中，使中华民族重现曾经拥有的辉煌、屹立于世界民族之林、引领时代浩荡潮流；在悠远的历史视野中，使中华民族重新形塑自己的面貌，在21世纪凤凰涅槃、浴火重生。也正是在这个意义上，我们说，只有创造过辉煌的民族，才懂得复兴的意义；只有经历过苦难的民族，才对复兴有如此深切的渴望。

二、自我革命是中国共产党找到的跳出治乱兴衰历史周期率的第二个答案

马克思主义政党，马克思主义执政党从来都不是天生的，而是在不断自我革命中淬炼而成的。中国共产党的成熟强大、朝气蓬勃，同样并非与生俱来的，习近平总书记指出："勇于自我革命，是我们党最鲜明的品格，也是我们党最大的优势。"[①]勇于自我革命既是中国共产党最鲜明的品格，也是中国共产党找到的跳出治乱兴衰历史周期率的第二个答案和成功路径。坚持自我革命，就是要不断清除侵蚀党的健康肌体的病原体，不断提高党的自身免疫力。

---

① 《十八大以来重要文献选编》（下），北京：中央文献出版社，2018，第589页。

这第二个答案是对第一个答案的继承和坚持、丰富和发展。第一个答案和第二个答案要一并使用,不是说找到了第二个答案就把第一个答案放弃了,而是要内外兼修,使之相得益彰。

第一个答案,是回答如何跳出历史周期率问题的。历史周期率是指世界上任何一个国家的政权都会经历兴衰治乱、往复循环所呈现出的周期性现象。社会的极端不公平导致社会的崩溃,从而达到新的相对公平,如此周而复始。1945年,黄炎培在延安向毛泽东提出,中国共产党能不能跳出"其兴也勃焉,其亡也忽焉"的历史周期率。毛泽东慨然答道:"我们已经找到新路,我们能跳出这周期率。这条新路,就是民主。只有让人民来监督政府,政府才不敢松懈。只有人人起来负责,才不会人亡政息。"① 这就是著名的"窑洞之对"。第一个答案,与此前郭沫若的"甲申之对",与此后的"两个务必",与周恩来的"赶考之对",与中国共产党执政,都是紧密相联的。

自我革命,就是自我净化、自我完善、自我革新、自我提高。习近平总书记在党的二十大报告中指出:"经过不懈努力,党找到了自我革命这一跳出治乱兴衰历史周期率的第二个答案。"② 自我

---

① 中共中央文献研究室编:《毛泽东年谱(1893 — 1949)修订本》(中册),北京:中央文献出版社,2013,第611页。

② 习近平:《高举中国特色社会主义伟大旗帜 为全面建设社会主义现代化国家而团结奋斗——在中国共产党第二十次代表大会上的报告》,北京:人民出版社,2022,第14页。

革命这第二个答案,与应对"三个之变"即世界之变、时代之变、历史之变,与回答"四个之问"即中国之问、世界之问、人民之问、时代之问,与"三个务必",与中国共产党长期执政,是密切联系在一起的。2022年10月27日,习近平总书记带领新当选的二十届中共中央政治局常委来到延安。这是新征程领导团队与老一辈革命家跨越时空的对接和对话,更是迈上新征程、走好新的赶考之路的政治宣示。

从成立之时起,中国共产党就立志于中华民族千秋伟业,致力于人类和平与发展崇高事业。一百余年来,中国共产党在中国大地上生动演绎了精彩的三部曲,即建立并建设马克思主义政党,问鼎政权并进行政权建设,进行社会主义革命、建设和改革。

中国共产党之所以能够演绎好这三部曲,关键在于中国共产党回答了是什么、干什么这一根本问题。1939年12月,毛泽东在《中国革命和中国共产党》中指出:"领导中国民主主义革命和中国社会主义革命这样两个伟大的革命到达彻底的完成,除了中国共产党之外,是没有任何一个别的政党(不论是资产阶级的政党或小资产级的政党)能够担负的。而中国共产党则从自己建党的一天起,就把这样的两重任务放在自己的双肩之上了。"①

中国共产党之所以能够演绎好这三部曲,关键还在于中国共产党回答了怎样建设党、如何发挥自己的独特优势等重大问题。

---

① 《建国以来重要文献选编》第4册,北京:中央文献出版社,1993,第729页。

1939年10月，毛泽东在《〈共产党人〉发刊词》中指出，为了中国革命的胜利，迫切地需要建设这样一个党，即"全国范围的、广大群众性的、思想上政治上组织上完全巩固的、布尔什维克化的中国共产党"①，并认为这是"伟大的工程"。近十年之后的1949年3月，面对解放战争即将迎来全面胜利、党即将执掌全国政权的新形势，毛泽东在党的七届二中全会上指出，"夺取全国胜利，这只是万里长征走完了第一步"，"中国的革命是伟大的，但革命以后的路程更长，工作更伟大，更艰苦"，因此，毛泽东郑重告诫全党，"务必使同志们继续地保持谦虚、谨慎、不骄、不躁的作风，务必使同志们继续地保持艰苦奋斗的作风"②。这就是"两个务必"的著名论断。

中国共产党走过百余年奋斗历程，新中国走过七十余年奋斗历程，改革开放走过四十余年奋斗历程，中国特色社会主义进入新时代、走过了十年极不寻常、极不平凡的奋斗历程。十年磨一剑。在这样一个关键时刻，习近平总书记郑重提出"三个务必"，适逢其时、正当其用，意味深长、意义重大。"三个务必"是与深入推进新时代党的建设新的伟大工程、全面落实新时代党的建设总要求紧密联系在一起的，是与找到跳出治乱兴衰历史周期率的第二个答案即自我革命紧密联系在一起的，是与全面建设社会主义现代化

---

① 《毛泽东选集》第二卷，北京：人民出版社，1991，第652页。
② 《毛泽东选集》第四卷，北京：人民出版社，1991，第1438—1439页。

国家、全面推进中华民族伟大复兴历史进程紧密地连在一起的,充分彰显了中国共产党人对共产党执政规律认识深化的历史自信、历史自觉、历史主动。

一百余年来,中国共产党始终坚持人民至上、坚持以人民为中心的发展思想,领导中国人民成功地走出中国特色社会主义道路,走向中华民族伟大复兴。如何在滚滚的历史长河中不忘初心、赓续血脉,如何在充满挑战的环境下开拓进取、砥砺前行,勇于自我革命是作为世界上最大的政党、最大的马克思主义执政党的中国共产党区别于其他政党的显著标志,是党夺取新的伟大胜利的重要法宝,是党永葆生机活力的强大支撑。

世界上其他政党掌握政权历经兴衰治乱、不断更替、循环往复,这种周期性现象是普遍存在的。苏联共产党在执政过程中逐渐忽视自我革命的重要性,一步步蜕变为思想僵化、体制固化的老大党,最终在执政七十四年后亡党亡国亡制度。同样,"以俄为师"的中国国民党,在建党初期也曾勇于革命、重视群众,但是在南京国民政府成立不久后,其内部就出现了腐败趋势,党风政风日益腐化,最终在大陆执政二十二年后被中国人民抛弃。始终坚持自我革命,及时清除一切侵蚀党健康肌体的病毒,这是我们党避免陷入历史周期率泥淖的制胜法宝。

回顾总结新时代十年,我们党经历了对党和人民事业具有重大现实意义和深远历史意义的三件大事。迎来中国共产党成立一百周年就是其中之一。这是很不容易的。习近平总书记在党的二十大报告中指出:"我们党作为世界上最大的马克思主义执政党,要始终赢得人民拥护、巩固长期执政地位,必须时刻保持解决大党独有难题的清醒和坚定。"①这就要求健全全面从严治党体系,全面推进党的自我净化、自我完善、自我革新、自我提高,以党的自我革命引领社会革命,使我们党坚守初心使命,始终成为中国特色社会主义事业的坚强领导核心。中国共产党的成熟强大,不仅在于其规模大,更在于其力量大、影响大。在不断的自我革命中不断淘汰不先进、不纯洁分子,使中国共产党在思想上更加统一、在政治上更加团结、在行动上更加一致、在感情上更加紧密,成为一整块坚硬的钢铁,确保党永远不变质、不变色、不变味。

马克思主义唯物史观认为,一个执政党的成功与伟大,并不在于其从不犯错,而在于从不讳疾忌医,敢于直面问题,勇于自我革命,具有极强的自我修复能力。恩格斯指出:"伟大的阶级,正如伟大的民族一样,无论从哪个方面学习都不如从自己所犯错误的后果中学习来得快。"②一个伟大的政党,更是如此。列宁指出:"一个政党对自己的错误所抱的态度,是衡量这个党是否郑重,是否真正履行它对本阶级和劳动群众所负义务的一个最重要最可靠的尺度。公开承认错误,揭露犯错误的原因,分析产生错误的环境,仔细讨论改正错误的方法——这才是一个郑重的党的标志。"③我们的党就是

---

① 《习近平著作选读》第一卷,北京:人民出版社,2023,第52页。
② 《马克思恩格斯选集》第4卷,北京:人民出版社,1995,第432页。
③ 《列宁全集》第39卷,北京:人民出版社,2017,第37页。

这样的政党。在经历了大革命时期的错误后,我们党深刻领悟到必须以武装的革命反对武装的反革命,相继发动南昌起义、秋收起义、广州起义等,走上农村包围城市、武装夺取政权的正确革命道路。在长征途中及时召开遵义会议,确立以毛泽东同志为主要代表的马克思主义正确路线在党中央的领导地位,挽救中国革命于危难关口。1976年10月,中共中央政治局执行党和人民的意志,毅然粉碎了"四人帮",结束了"文化大革命"。党的十一届三中全会开启了改革开放的历史进程,中国共产党带领中国人民走上了中国特色社会主义道路。同时,我们党也清醒地认识到,国家的高速发展面临不少想解决而长期未能解决的深层次矛盾问题,以及伴随改革开放出现的新矛盾问题。一些党员干部的政治信仰出现严重危机,党内作风问题突出,严重威胁着党的创造力、凝聚力、战斗力,进一步阻碍中国共产党所领导的中国特色社会主义现代化建设。

回顾党的历史,我们党总是在推动社会革命的同时,勇于推动自我革命,始终坚持真理、修正错误,敢于正视问题、克服缺点,勇于刮骨疗毒、去腐生肌。正因为我们党始终坚持这样做,才能够在危难之际绝处逢生,在失误之后拨乱反正,成为永远打不倒、压不垮的马克思主义政党。我们党之所以有自我革命的勇气,习近平总书记指出:"是因为我们党除了国家、民族、人民的利益,没有任何自己的特殊利益……不谋私利才能谋根本、谋大利,才能从党的性质和根本宗旨出发,从人民根本利益出发,检视自己;才能不掩饰缺点、不回避问题、不文过饰非,有缺点克服缺点,有问题解决问题,有错误承认并纠正错误。"①

党的十八大以来,中国特色社会主义进入新时代,党中央作出全面从严治党的重大战略部署,从人民群众反映强烈的作风问题抓起,以刮骨疗毒、壮士断腕的勇气,坚持"老虎苍蝇一起打"的自我革命,完善党和国家监督体系,构建以党内监督为主导、各类监督贯通协调的机制,把权力关进制度的笼子里,充分保证党的先进性和纯洁性。坚持自我革命,对自己进行"全身检查扫描",识别自身的"病灶",开方取药动手术,既是对过去取得伟大成就的经验总结,也是新征程提出的新要求,因而具有深刻的历史性和鲜明的现实性。勇于自我革命,中国共产党人既是认识论者,也是实践论者,是认识论与实践论的统一论者。在思想认识上,党中央强调,腐败是威胁我们党长期执政的最大因素,与中国共产党的初心和使命背道而驰,因此必须打赢反腐败的政治斗争。在实践行动上,我们党以"得罪千百人,不负十四亿"的使命担当推进史无前例的反腐败斗争,坚持无禁区、全覆盖、零容忍,坚持重遏制、强高压、长震慑,坚持受贿行贿一起查,坚持有案必查、有腐必惩,打出一套自我革命的"组合拳",管党治党宽松软状况得到根本扭转。同时,中国共产党也深刻认识到防微杜渐的重要性,把问题解决的进程提前,从腐败的源头上解决问题,坚持推进不敢腐、不能腐、不想腐一体化,既减少腐败的存量,也减少腐败的增量,使党的队伍建设、党

---

① 《十八大以来重要文献选编》(下),北京:中央文献出版社,2018,第590页。

的发展壮大进入良性循环。

一个政党如同一个人,最大的敌人是自己,最难的也是战胜自己。这就是说,革别人的命容易,革自己的命难。中国共产党不断进行自我革命,革故鼎新,守正创新,终成百年大党且风华正茂,勇毅踏上自身发展的第二个百年新征程,同时团结带领中国人民迈上全面建成社会主义现代化强国、实现第二个百年奋斗目标新征程。

三、新时代新征程以党的自我革命引领社会革命

《中共中央关于党的百年奋斗重大成就和历史经验的决议》在总结党伟大奋斗重大成就的基础上,总结了党百年奋斗的历史经验,把坚持自我革命列为重要内容之一。《决议》指出:"勇于自我革命是中国共产党区别于其他政党的显著标志。自我革命精神是党永葆青春活力的强大支撑。"[1]作为先进的马克思主义政党,中国共产党在自我革命中淬炼成长,同时以党的自我革命引领社会革命,团结带领中国人民取得了革命、建设和改革、新时代举世瞩目的辉煌成就。

中国共产党人的事业没有休止符,全面从严治党永远在路上,党的自我革命永远在路上,我们必须牢牢把握反腐败斗争新的阶

---

[1]《中共中央关于党的百年奋斗重大成就和历史经验的决议》,北京:人民出版社,2021,第70页。

段性特征,即防范形形色色的利益集团成伙作势、"围猎"腐蚀还任重道远,有效应对腐败手段隐形变异、翻新升级还任重道远,彻底铲除腐败滋生土壤、实现海晏河清还任重道远,清理系统性腐败、化解风险隐患还任重道远,因此必须永远吹冲锋号。

以党的自我革命引领社会革命,其着眼点和着力点在于:

第一,落实新时代党的建设总要求,确保党始终成为中国特色社会主义事业的坚强领导核心。这是新时代推进党的自我革命的总要求。党的十九大提出新时代党的建设总要求,以坚持和加强党的全面领导为主题;以坚持党要管党、全面从严治党为方针;以加强党的长期执政能力建设、先进性和纯洁性建设为主线;构建以党的政治建设为统领,全面推进党的政治建设、思想建设、组织建设、作风建设、纪律建设,把制度建设贯穿其中,深入推进反腐败斗争,不断提高党的建设质量的总体格局;以把党建设成为始终走在时代前列、人民衷心拥护、勇于自我革命、经得起各种风浪考验、朝气蓬勃的马克思主义执政党为总目标。新时代党的建设总要求具有长远指导意义。在此基础之上,习近平总书记在党的二十大报告中进一步强调"健全全面从严治党体系,全面推进党的自我净化、自我完善、自我革新、自我提高"①,并对落实新时代党的建设总要求作出具体部署。

第二,坚持和加强党中央集中统一领导,健全总揽全局、协调

---

① 《习近平著作选读》第一卷,北京:人民出版社,2023,第52页。

各方的党的领导制度体系,完善党中央重大决策部署落实机制,确保全党在政治立场、政治方向、政治原则、政治道路上同党中央保持高度一致,确保党的团结统一。这是新时代推进党的自我革命政治上的要求。坚持党的领导,首先是坚持党中央的集中统一领导。坚决维护党中央权威、保证全党令行禁止,是党和国家前途命运所系,是全国各族人民根本利益所在,也是加强和规范党内政治生活的重要目的。新征程,我们要牢固树立党的观念、党的领导观念、党中央集中统一领导的观念,自觉在思想上政治上行动上同以习近平同志为核心的党中央保持高度一致,深刻领会"两个确立"的决定性意义,坚决做到"两个维护"。

第三,坚持不懈用习近平新时代中国特色社会主义思想凝心铸魂,全面加强党的思想建设,加强理想信念教育,引导全党牢记党的宗旨,自觉做共产主义远大理想和中国特色社会主义共同理想的坚定信仰者和忠实实践者。这是新时代推进党的自我革命思想上的要求。中国共产党为什么能,中国特色社会主义为什么好,归根到底是马克思主义行,是中国化时代化的马克思主义行。党的十八大以来,以习近平同志为核心的党中央,从理论和实践的结合上深入回答事关党和国家事业发展、党治国理政的一系列重大时代课题,以全新视野深化对共产党执政规律、社会主义建设规律、人类社会发展规律的认识,取得重大理论创新成果,集中表现为习近平新时代中国特色社会主义思想。新征程,我们要继续认真学习党的十九大、十九届六中全会提出的"十个明确""十四个坚持""十三个方面成就",认真学习党的二十大提出的新时代十年的"十六个方面历史性变革、历史性成就",并用以指导我们的思想和行动,不断谱写马克思主义中国化时代化新篇章,不断开辟马克思主义中国化时代化新境界。

第四,完善党的自我革命制度规范体系,坚持制度治党、依规治党,健全党统一领导、全面覆盖、权威高效的监督体系,发挥政治巡视利剑作用,落实全面从严治党政治责任,用好问责利器。这是新时代推进党的自我革命制度上的要求。制度问题带有根本性、全局性、稳定性、长期性,要善于用制度巩固提高自我革命和社会革命成果。制度建设的根本目的,是把权力关进制度的笼子里,推动党的制度优势更好地转化为治国理政的实际效能、转化为实现党的历史使命和战略目标的重要保障。党的制度建设要遵循共产党执政规律,着眼于全面依法治国,同国家法治建设相衔接;着眼于国家治理体系和治理能力现代化,同国家社会治理相衔接;着眼于科学配置权力,同国家政权运行相衔接。新征程,我们要以党章为根本遵循,本着于法周延、于事有效的原则,不断提升制度建设质量。

第五,建设堪当民族复兴重任的高素质干部队伍,坚持德才兼备、以德为先、五湖四海、任人唯贤,树立选人用人正确导向,选拔忠诚干净担当的高素质专业化干部,选优配强各级领导班子,加强干部斗争精神和斗争本领养成,激励干部敢于担当、积极作为。这是新时代推进党的自我革命干部上的要求。正确的政治路线确立之后,干部就是决定的因素。过去是这样,现在是这样,将来永远是这样。必须把干部队伍建设特别是领导班子建设放在更加突出的位置，造就适应新时代要求的高素质干部队伍，从根本上保证后继有人、人才辈出。

第六，增强党组织政治功能和组织功能，坚持大抓基层的鲜明导向，把基层党组织建设成为有效实现党的领导的坚强战斗堡垒，激励党员发挥先锋模范作用，保持党员队伍先进性和纯洁性。这是新时代推进党的自我革命组织上的要求。党的力量在于组织。新征程，我们必须切实增强组织观念，认真贯彻民主集中制的各项原则和要求，积极参加党组织的各项活动，充分发挥骨干带头作用和先锋模范作用。

第七，坚持以严的基调强化正风肃纪，锲而不舍落实中央八项规定精神，持续深化纠治"四风"，重点纠治形式主义、官僚主义，坚决破除特权思想和特权行为。这是新时代推进党的自我革命作风上的要求。党的作风就是党的形象，作风建设无小事，作风建设永远在路上。新征程，我们要认真研究新形势下作风建设面临的新情况新问题，加大整治形式主义、官僚主义的力度，始终保持同人民群众的血肉联系。

第八，坚决打赢反腐败斗争攻坚战持久战。腐败是危害党的生命力和战斗力的最大毒瘤，反腐败是最彻底的自我革命。只要存在腐败问题产生的土壤和条件，反腐败斗争就一刻不能停，坚持不敢腐、不能腐、不想腐一体推进，以零容忍态度反腐惩恶，决不姑息。这是新时代推进党的自我革命反腐败斗争的要求。我们必须清醒地认识到，对于我们这样一个世界上最大的马克思主义执政党来说，"四大考验"和"四种危险"是现实的，也将是长期存在的，决不能掉以轻心。腐败严重危害党的生命力和战斗力,要坚决把反腐败斗争进行到底,坚决打赢反腐败斗争攻坚战持久战。

胜人者有力,自胜者强。勇于自我革命,就是追求自胜。新征程,以党的自我革命引领社会革命,旨在确保党永远不变质、不变色、不变味;确保党始终成为中国特色社会主义事业的坚强领导核心;确保在以习近平同志为核心的党中央领导下,在习近平新时代中国特色社会主义思想的科学指引下,在中国特色社会主义旗帜的伟大号召下,全党全军全国各族人民团结成为"一块坚硬的钢铁",步调一致向前进,走好新的"赶考之路"、交出永载史册的答卷,巩固党的长期执政地位,使我们的红色江山世世代代传下去,使我们的伟大事业继续创造新奇迹。新时代中国共产党人开新局于伟大社会革命,强体魄于伟大自我革命,"两个伟大革命"相互促进、相得益彰,有机统一于实现中华民族伟大复兴的实践之中。我们坚信,一个无私无畏勇于进行自我革命的伟大政党,必将带领亿万中华儿女在新时代中国特色社会主义的伟大社会革命中书写出更加精彩的恢宏篇章。

树牢群众观点,凝聚磅礴力量

群众观点是我们党的根本政治观点,群众路线是我们党的根本工作路线,密切联系群众是我们党的优良作风和政治优势,是百余年来党和国家事业不断取得胜利的根本保证。习近平在省部级主要领导干部"学习习近平总书记重要讲话精神,迎接党的二十大"专题研讨班上的重要讲话中指出,前进道路上,全党要坚持全心全意为人民服务的根本宗旨,树牢群众观点,贯彻群众路线,尊重人民首创精神,坚持一切为了人民、一切依靠人民,从群众中来、到群众中去,始终保持同人民群众的血肉联系,始终接受人民批评和监督,始终同人民同呼吸、共命运、心连心。[①] 这一重要论述和政治要求,具有丰富的新时代内涵和深远的新时代意义。

---

① 参见《高举中国特色社会主义伟大旗帜 奋力谱写全面建设社会主义现代化国家崭新篇章》,《人民日报》2022年7月28日第1版。

一、我们的事业是人民的事业,人民是我们党创造历史伟业的最大底气

《中国共产党章程》载明,中国共产党是中国工人阶级的先锋队,同时是中国人民和中华民族的先锋队。一百多年前,中国共产党成立时只有50多名党员,截至2023年年底,中国共产党党员人数为9918.5万名,基层党组织为517.6万个,中国共产党已经成为领导着14亿多人口大国、具有重大全球影响力的世界第一大执政党、马克思主义执政党。过去一百多年,中国共产党向人民、向历史交出了一份优异的答卷。中国共产党人的事业是人民的事业。马克思认为,"历史活动是群众的活动"①。毛泽东指出:"人民,只有人民,才是创造世界历史的动力。"② 人民既是历史的"剧中人",也是历史的"剧作者"。在马克思主义的视域中,"人民"既是一个政治范畴,也是一个历史范畴;既有质的规定性,也有量的规定性。其一,"人民"反映一定社会的政治关系,在阶级社会中包括一切推动社会历史前进的阶级、阶层和社会集团,人民的主体始终是从事物质资料生产的广大劳动群众。其二,"人民"不仅改造客观世界,是物质财富的创造者,而且也改造主观世界,是精神财富的创造者。其三,"人民"是一个集合概念,是由众多人组成的集合体。在新时代的视域中,人民包括全体社会主义劳动者、社会

---

① 《马克思恩格斯文集》第1卷,北京:人民出版社,2009,第287页。
② 《毛泽东选集》第三卷,北京:人民出版社,1991,第1031页。

主义事业的建设者、拥护社会主义的爱国者、拥护祖国统一和致力于中华民族伟大复兴的爱国者,他们在中国共产党领导下、以工农联盟为基础形成了最广泛的统一战线。在中国共产党人的视域中,"人民"是一个分量极重的词汇,人民是我们党领导和执政的力量源泉,是决定党和国家前途命运的根本力量。正是在这个意义上,习近平总书记深刻指出:"我们党来自于人民,为人民而生,因人民而兴。"① "人民是共和国的坚实根基,人民是我们执政的最大底气。"② 因此,我们要始终赢得人民的衷心拥护。

二、立命为生民,我们党的根本立场、根本使命、根本宗旨是高度统一的

1840年鸦片战争以后,中国逐步成为半殖民地半封建社会。帝国主义和中华民族的矛盾、封建主义和人民大众的矛盾,是近代中国社会的两大主要矛盾。彻底推翻帝国主义、封建主义、官僚资本主义的统治,争取民族独立和人民解放;彻底改变贫穷落后的面貌,实现国家富强和人民幸福,是近代中国社会的两大历史任务。中国共产党是马克思列宁主义同中国工人运动相结合的产物。从成立之初,中国共产党就具有不同于其他政党的身份标识。人民立场是中国共产党的根本立场,为中国人民谋幸福、为中华民族谋

---

① 《十九大以来重要文献选编》(中),北京:中央文献出版社,2021,第110页。
② 《新中国70年大事记》,北京:人民出版社,2020,第1927页。

复兴是中国共产党的初心使命,全心全意为人民服务是中国共产党的根本宗旨,"我将无我,不负人民"①是中国共产党人的最高境界,"民之所忧,我必念之;民之所盼,我必行之"②是中国共产党人的座右铭。中国共产党的立场、使命、宗旨和境界,决定了中国共产党"代表中国最广大人民根本利益,没有任何自己特殊的利益,从来不代表任何利益集团、任何权势团体、任何特权阶层的利益"③;决定了实现中华民族伟大复兴始终是一百余年来中国共产党团结带领中国人民进行的一切奋斗、一切牺牲、一切创造的主题,把我国建设成为社会主义现代化国家是全面执政的中国共产党从第一个五年计划到第十四个五年规划一以贯之的主题,坚持和发展中国特色社会主义是改革开放以来我们党全部理论和实践的鲜明主题。

围绕立场、使命、宗旨,首先要回答建设一个什么样的党这一根本问题。1939年,毛泽东在《〈共产党人〉发刊词》中把党的建设称为"伟大的工程",提出努力建设团结统一、纪律严明、英勇善战的中国工人阶级的先锋队、中国人民和中华民族的先锋队,建设一个全国范围的、广大群众性的、思想上政治上组织上完全巩固的

---

① 《习近平谈治国理政》第三卷,北京:外文出版社,2020,第144页。
② 《国家主席习近平发表二〇二二年新年贺词》,《人民日报》2022年1月1日第1版。
③ 《中共中央关于党的百年奋斗重大成就和历史经验的决议》,北京:人民出版社,2021,第66页。

布尔什维克化的中国共产党①。党的十八大以来,中国特色社会主义进入新时代,以习近平同志为核心的党中央面对实现中华民族伟大复兴战略全局和世界百年未有之大变局,聚焦全面建设社会主义现代化国家这一中心任务,强调要继续推进新时代党的建设新的伟大工程,把党建设成为始终走在时代前列、人民衷心拥护、勇于自我革命、经得起各种风浪考验、朝气蓬勃的马克思主义执政党,确保党不变质、不变色、不变味,确保党在新时代坚持和发展中国特色社会主义的历史进程中始终成为坚强领导核心。

围绕立场、使命、宗旨,最重要的是衡量中国共产党的践行能力。时代是出卷人。新民主主义革命时期,党面临的主要任务是,反对帝国主义、封建主义、官僚资本主义,争取民族独立、人民解放;社会主义革命和建设时期,党面临的主要任务是,实现从新民主主义到社会主义的转变,进行社会主义革命,推进社会主义建设;改革开放和社会主义现代化建设新时期,党面临的主要任务是,继续探索中国建设社会主义的正确道路,解放和发展社会生产力,使人民摆脱贫困、尽快富裕起来;中国特色社会主义进入新时代,党面临的主要任务是,实现第一个百年奋斗目标,开启实现第二个百年奋斗目标新征程,朝着实现中华民族伟大复兴的宏伟目标继续前进。中国共产党人是答卷人。一百余年来,党领导人民浴血奋战、百折不挠,创造了新民主主义革命的伟大成就;党领导人民自力

---

① 参见《毛泽东选集》第二卷,北京:人民出版社,1991,第602页。

更生、发愤图强,创造了社会主义革命和建设的伟大成就;党领导人民解放思想、锐意进取,创造了改革开放和社会主义现代化建设的伟大成就;党领导人民自信自强、守正创新,创造了新时代中国特色社会主义的伟大成就。人民是阅卷人,人民是我们党的工作的最高裁决者和最终评判者。我们党向人民交上了一份优异答卷。今天,中国共产党团结带领中国人民又踏上实现第二个百年奋斗目标新的赶考之路。习近平总书记强调,在新时代新征程上,必须高举中国特色社会主义伟大旗帜,奋力谱写全面建设社会主义现代化国家崭新篇章,坚定不移推进中华民族伟大复兴历史进程。[①] 始终与人民想在一起、干在一起的政党,必将赢得人民的信任。

三、一切为了人民、一切依靠人民,命运与共、行稳致远

任何一项伟大事业,都必须从人民中找到根基,从人民中集聚力量,由人民共同来完成。中国共产党为人民谋幸福、为民族谋复兴的事业是一项伟大事业,为了人民、依靠人民,在团结奋斗中形成了风雨无阻、高歌行进的伟大力量。

百年风华,人民史诗。习近平总书记指出,我们党的百年历史,就是一部践行党的初心使命的历史,就是一部党与人民心连心、同

---

① 参见《高举中国特色社会主义伟大旗帜 奋力谱写全面建设社会主义现代化国家崭新篇章》,《人民日报》2022年7月28日第1版。

呼吸、共命运的历史①。徐解秀老人说:"什么是共产党?共产党就是自己有一条被子,也要剪下半条给老百姓的人。"②淮海战役的胜利是人民用小推车推出来的,渡江战役的胜利是人民用小木船划出来的。我们依靠上下同心打赢了脱贫攻坚战,依靠齐心协力打赢了抗击新冠疫情的总体战。正是因为始终保持同人民群众的血肉联系,永不脱离群众,与群众有福同享、有难同当,有盐同咸、无盐同淡,我们党总能得到人民的信任、拥护、支持。"江山就是人民,人民就是江山"③,打江山、守江山,守的是人民的心。坚持人民至上、生命至上,坚持以人民为中心的发展思想,把人民对美好生活的向往作为奋斗目标,这是中国共产党这个百年大党始终保持生机活力的源泉。

面向未来,全面建设社会主义现代化国家,实现新时代新征程各项目标任务,群众观点这个马克思主义的基本观点、群众路线这个党的法宝和生命线须臾不可舍弃。我们必须尊重人民群众的首创精神,最大限度地激发人民群众的创造热情,及时发现、总结、概括人民群众创造出来的新鲜经验;必须坚持从群众中来、到群众中

---

① 参见习近平:《在党史学习教育动员大会上的讲话》,北京:人民出版社,2021,第15页。

② 《习近平关于"不忘初心、牢记使命"论述摘编》,北京:中央文献出版社、党建读物出版社,2019,第10页。

③ 习近平:《在庆祝中国共产党成立100周年大会上的讲话》,北京:人民出版社,2021,第11页。

去，紧紧依靠人民群众，汲取人民群众的智慧和力量，把政治智慧的增长、执政本领的增强深深扎根于人民群众的创造性实践之中；必须坚持人民群众的主体地位，始终接受人民批评和监督，自觉拜人民群众为师，向能者求教，向智者问策，把握人民群众所思所想所盼，凝聚民心民智民力。只有如此，我们的党才能坚如磐石，我们党的事业才能行稳致远，无往而不胜。

"三个务必"的新时代意蕴和旨归

党的二十大是在全党全国各族人民迈上全面建设社会主义现代化国家新征程、向第二个百年奋斗目标进军的关键时刻召开的一次十分重要的大会,事关党和国家事业继往开来,事关中国特色社会主义前途命运,事关中华民族伟大复兴。习近平总书记在大会报告中开宗明义指出,大会的主题是:高举中国特色社会主义伟大旗帜,全面贯彻新时代中国特色社会主义思想,弘扬伟大建党精神,自信自强、守正创新,踔厉奋发、勇毅前行,为全面建设社会主义现代化国家、全面推进中华民族伟大复兴而团结奋斗。习近平总书记明确指出,从现在起,中国共产党的中心任务就是团结带领全国各族人民全面建成社会主义现代化强国、实现第二个百年奋斗目标,以中国式现代化全面推进中华民族伟大复兴。围绕这一主题和中心任务,习近平总书记郑重告诫,全党同志务必不忘初心、牢记使命,务必谦虚谨慎、艰苦奋斗,务必敢于斗争、善于斗争,坚定历史自信,增强历史主动,谱写新时代中国特色社会主义更加绚丽的华章。

一、"三个务必"是对"两个务必"的继承和坚持、创新和发展

中国共产党从成立之时起,就立志于中华民族千秋伟业,致力于人类和平与发展崇高事业。中国共产党诞生于半殖民地半封建的旧中国,半殖民地半封建社会的基本国情决定了近代中国存在着相互交织的多重矛盾,其中,帝国主义和中华民族的矛盾、封建主义和人民大众的矛盾是近代中国社会的主要矛盾。这一基本国情和两大主要矛盾决定了近代中国的两大历史任务,即推翻帝国主义和封建主义统治,争取民族独立和人民解放;彻底改变贫穷落后的面貌,实现国家富强和人民幸福。近代中国出现的各种政治力量都对中国的出路进行过探索,但都未能改变中国半殖民地半封建的社会性质和中国人民、中华民族的悲惨命运。解决两大主要矛盾、完成两大历史任务的责任和使命,是由中国共产党人主动担负和最终完成的。中国共产党是马克思列宁主义与中国工人运动相结合的产物,是中国工人阶级的先锋队,同时是中国人民和中华民族的先锋队。人民立场是中国共产党的根本立场,为人民谋幸福是中国共产党的根本使命,全心全意为人民服务是中国共产党的根本宗旨。一百余年来,建立并建设马克思主义政党,取得政权并进行政权建设,进行社会主义革命、建设和改革,是中国共产党在中国大地上生动演绎的精彩三部曲。

中国共产党有着怎样的独特作用? 1939年12月,毛泽东在《中国革命和中国共产党》中指出:"领导中国民主主义革命和中

国社会主义革命这样两个伟大的革命到达彻底的完成,除了中国共产党之外,是没有任何一个别的政党(不论是资产阶级的政党或小资产阶级的政党)能够担负的。而中国共产党则从自己建党的一天起,就把这样的两重任务放在自己的双肩之上了。"[1]建设一个什么样的中国共产党?怎样建设这样的中国共产党?在此之前的1939年10月,毛泽东在《〈共产党人〉发刊词》中指出,为了中国革命的胜利,迫切地需要建设这样一个党,即"全国范围的、广大群众性的、思想上政治上组织上完全巩固的布尔什维克化的中国共产党",并认为这是"伟大的工程"[2]。1949年3月,面对解放战争即将迎来全面胜利、党即将执掌全国政权的新形势,毛泽东在党的七届二中全会上指出:"夺取全国胜利,这只是万里长征走完了第一步。""中国的革命是伟大的,但革命以后的路程更长,工作更伟大、更艰苦。"毛泽东郑重告诫全党:"务必使同志们继续地保持谦虚、谨慎、不骄、不躁的作风,务必使同志们继续地保持艰苦奋斗的作风。"这就是"两个务必"的著名论断。在此之前,毛泽东与郭沫若之间有过著名的"甲申对",与黄炎培之间有过著名的"窑洞对";在此之后,毛泽东与周恩来之间有过著名的"赶考对"。所有这些都是关于如何跳出政权兴亡历史周期率的经典对谈,充分体现了中国共产党人"铁肩担道义,妙手著文章"的

---

[1]《毛泽东选集》第二卷,北京:人民出版社,1991,第652页。
[2]《毛泽东选集》第二卷,北京:人民出版社,1991,第602页。

卓越智慧和使命担当。

中国共产党已走过百余年奋斗历程,新中国已走过七十余年奋斗历程,中国特色社会主义进入新时代。党的十九届六中全会通过的《中共中央关于党的百年奋斗重大成就和历史经验的决议》指出,在新时代,"党面临的主要任务是,实现第一个百年奋斗目标,开启实现第二个百年奋斗目标新征程,朝着实现中华民族伟大复兴的宏伟目标继续前进"。在党的二十大报告中,习近平总书记进一步聚焦并明确提出从现在起中国共产党的中心任务。历史已经证明并将继续证明,全面建设社会主义现代化国家、全面推进中华民族伟大复兴,关键在党。在全党全国各族人民迈上全面建设社会主义现代化国家新征程、向第二个百年奋斗目标进军的关键时刻,习近平总书记郑重提出"三个务必",适逢其时、正当其用,意味深长、意义重大。习近平总书记一再强调,经过不懈努力,党找到了自我革命这一跳出治乱兴衰历史周期率的第二个答案,同时,要坚定不移全面从严治党,深入推进新时代党的建设新的伟大工程。"三个务必"和第二个答案、新时代党的建设新的伟大工程是对"两个务必"和"窑洞对"第一个答案、党的建设伟大工程的坚持和继承、创新和发展,是对中国共产党执政规律性认识的历史自信、历史自觉、历史主动。正如习近平总书记深刻指出的:"越是长期执政,越不能丢掉马克思主义政党的本色,越不能忘记党的初心使命,越不能丧失自我革命精神。"[1]

---

[1] 《习近平谈治国理政》第三卷,北京:外文出版社,2020,第529页。

二、"三个务必"具有丰富的新时代意蕴,是一个不可分割的有机整体

无论是强调"两个务必"还是强调"三个务必",都是党在历史的关键时刻发出的庄严告诫书和政治动员令。如果说"两个务必"是党出发赶考之际的座右铭,开启了建设新中国的历史征程,那么,"三个务必"就是党在新的赶考之路上的座右铭,开启全面建设社会主义现代化国家新征程,全面推进中华民族伟大复兴历史进程。

为中国人民谋幸福,为中华民族谋复兴,是中国共产党人的初心和使命。"初心"和"使命"是中国共产党词典中历久弥新的两个极其重要的词汇,是激励一代代中国共产党人前赴后继、英勇奋斗的根本动力。习近平总书记在党的二十大报告中强调"务必不忘初心、牢记使命",是基于党和国家事业正处于全面建设社会主义现代化国家新征程、向第二个百年奋斗目标进军的历史新坐标作出的,具有新时代的意蕴。这既是一个理论问题,更是一个实践问题。党的十八大以来,习近平总书记强调,一切向前走,都不能忘记走过的路;走得再远、走到再光辉的未来,也不能忘记走过的过去,不能忘记为什么出发。不忘初心,才能坚守初心。守初心,就是要坚定中国特色社会主义的共同理想和共产主义的远大理想,不断追求"我将无我,不负人民"的精神境界,牢记人民对美好生活的向往就是中国共产党人的奋斗目标,时刻不忘我们党来自人民、植根人民。牢记使命,才能勇担使命。实现中华民族伟大复兴,就是

中华民族近代以来最伟大的梦想。担使命,就是要牢记我们党肩负的实现中华民族伟大复兴的历史使命。只有不忘初心、牢记使命、永远奋斗,才能使中国共产党永葆生机活力。只要不忘初心、牢记使命,全党就能凝聚起不可阻挡的磅礴力量,就能团结带领中国人民全面建成社会主义现代化强国、全面推进中华民族伟大复兴。在新时代,强调"务必不忘初心、牢记使命",旨在回答中国共产党是什么、要干什么以及从何处来、将向何处去的根本问题,在新时代新征程中不断夺取新胜利、创造新辉煌。

谦虚谨慎、艰苦奋斗,是中国共产党一以贯之的志气、骨气、底气,是中国共产党的精神气质;谦虚谨慎、艰苦奋斗,是中国人民和中华民族恒定如初的本色、底色、亮色,是中国人民和中华民族的固有基因。一百余年来,党领导人民浴血奋战、百折不挠,创造了新民主主义革命的伟大成就;自力更生、发愤图强,创造了社会主义革命和建设的伟大成就;解放思想、锐意进取,创造了改革开放和社会主义现代化建设的伟大成就;自信自强、守正创新,创造了新时代中国特色社会主义的伟大成就。党和人民书写了中华民族几千年历史上最恢宏的史诗。特别是新时代这十年,我们经受住了来自政治、经济、意识形态、自然界等方面的风险挑战考验,党和国家事业取得历史性成就、发生历史性变革。新时代的伟大成就是党和人民一道拼出来、干出来、奋斗出来的。但是,与我们奋斗目标的要求相比,我们的工作还存在一些不足,面临不少困难和问题。征程没有穷期,绝不能骄傲自满、止步不前,绝不能丢掉谦虚谨慎、艰苦奋斗的优良传统和作风。习近平总书记在党的二十大报告中指出:"全党必须坚定信心、锐意进取,主动识变应变求变,主动防范化解风险,不断夺取全面建设社会主义现代化国家新胜利!"①今天,我们比历史上任何时期都更接近、更有信心和能力实现中华民族伟大复兴的目标,实现中华民族伟大复兴进入了不可逆转的历史进程,同时必须准备付出更为艰巨、更为艰苦的努力。"行百里者半九十。"英勇顽强奋斗、持续奋斗、不懈奋斗、长期奋斗、永远奋斗,是中国共产党团结带领中国人民创造的制胜密码。中国共产党所面对的民族独立、人民解放和国家富强、人民幸福的时代命题和历史任务,特别是中国共产党所面对的全面建设社会主义现代化强国、实现中华民族伟大复兴的新时代使命任务,注定了中国共产党人的伟大事业不是朝夕之功,而须绵绵用力;注定了中国共产党人的奋斗目标不是轻易就能实现的,而务必谦虚谨慎、艰苦奋斗,知重负重、负重奋进,弘扬伟大建党精神,自信自强、守正创新,踔厉奋发、勇毅前行。习近平总书记强调"务必谦虚谨慎、艰苦奋斗",总结、凝炼了毛泽东提出的"两个务必"思想,是对"两个务必"精神内核的传承与弘扬。

党的百年辉煌历史就是一部波澜壮阔的斗争史。中国共产党依靠斗争走到今天,也必然要依靠斗争赢得未来。船到中流浪更急,人到半山路更陡。习近平总书记强调"务必敢于斗争、善于斗争"是对实现中华民族伟大复兴战略全局和当今世界正处于百年

---

① 《习近平著作选读》第一卷,北京:人民出版社,2023,第23页。

未有之大变局的深刻洞察。斗争是一门科学,同时也是一门艺术。新时代坚持发扬斗争精神,就是既要敢于斗争,又要善于斗争。敢于斗争就是要坚定斗争信心。只有坚定斗争信心,才能知难不惧、锲而不舍。善于斗争就是要谋划斗争策略。只有谋划斗争策略,才能在坚持原则、坚定立场的基础上因时因势采取最为有效的行动,以实现既定的目标。习近平总书记强调"务必敢于斗争、善于斗争"是对新时代十年的经验总结。诸如我们义无反顾进行了具有许多新的历史特点的伟大斗争,包括史无前例的反腐败斗争,包括各方向各领域军事斗争;我们统揽包括伟大斗争在内的"四个伟大",指出一些党员、干部缺乏担当精神,斗争本领不强,实干精神不足,形式主义、官僚主义现象仍较严重等。同时,我们面临的斗争不是短期的而是长期的。这是因为,全面建设社会主义现代化国家是一项伟大而艰巨的事业,前途光明,任重道远。当前,世界百年未有之大变局加速演进,新一轮科技革命和产业变革深入发展,国际力量对比深刻调整,我国发展面临新的战略机遇。逆全球化思潮抬头,单边主义、保护主义明显上升,世界经济复苏乏力,局部冲突和动荡频发,全球性问题加剧,世界进入新的动荡变革期。我国改革发展稳定面临不少躲不开、绕不过的深层次矛盾,党的建设特别是党风廉政建设和反腐败斗争面临不少顽固性、多发性问题,来自外部的打压遏制随时可能升级。我国发展进入战略机遇和风险挑战并存、不确定难预料因素增多的时期,各种"黑天鹅""灰犀牛"事件随时可能发生。我们必须做到居安思危、未雨绸缪,准备经受风高浪急甚至惊涛骇浪的重大考验。狭路相逢勇者胜。因此,在前进道路上,我们务必坚持发扬斗争精神,增强全党全国各族人民的志气、骨气、底气,不信邪、不怕鬼、不怕压,知难而进、迎难而上,统筹发展和安全,全力战胜前进道路上各种困难和挑战,依靠顽强斗争打开事业发展新天地。

"三个务必"具有丰富的新时代意蕴,"务必不忘初心、牢记使命"是中国共产党人的出发点和落脚点,"务必谦虚谨慎、艰苦奋斗"是中国共产党人的政治品格和优良作风,"务必敢于斗争、善于斗争"是中国共产党人的精神状态和能力本领。"务必谦虚谨慎、艰苦奋斗"包含了中国共产党对治乱兴衰历史的长期思考和执政规律的深刻总结,"务必不忘初心、牢记使命"和"务必敢于斗争、善于斗争"展示了百年大党与时俱进的鲜明特征,三者相互联系、相互贯通,是一个不可分割的有机整体。

三、"三个务必"具有鲜明的目标任务导向和旨归

全面建设社会主义现代化国家、全面推进中华民族伟大复兴,关键在党。"三个务必"具有鲜明的导向和旨归,是完成新时代目标任务的现实要求和政治保障。

列宁曾指出:"在分析任何一个社会问题时,马克思主义理论的绝对要求,就是要把问题提到一定的历史范围之内。"① 在历史的视域中,中国共产党在不同的历史时期面对不同的主题和任务。

---

① 《列宁全集》第25卷,北京:人民出版社,1998,第229页。

在一百年的视野中,实现中华民族伟大复兴是中国共产党的主题;在新中国的视野中,建设社会主义现代化国家是中国共产党的主题;在改革开放的视野中,坚持和发展中国特色社会主义是中国共产党的主题。

党的十八大以来,中国特色社会主义进入新时代。在世界的视野中,中国共产党需要统筹中华民族伟大复兴战略全局和世界百年未有之大变局"两个大局",需要应对世界之变、时代之变、历史之变"三个之变",需要回答中国之问、世界之问、人民之问、时代之问"四个之问";在中国的视野中,中国共产党需要实现新时代面临的主要任务,从现在起需要聚焦并实现中国共产党面对的中心任务。

中国共产党人的战略安排是:从 2020 年到 2035 年,基本实现社会主义现代化;从 2035 年到 21 世纪中叶,把我国全面建成富强民主文明和谐美丽的社会主义现代化强国,同时把我国建设成为综合国力和国际影响力领先的社会主义现代化强国。未来五年,则是全面建设社会主义现代化国家开局起步的关键时期。

形势决定目标任务,目标任务关乎未来。不忘初心、牢记使命,是全面建设社会主义现代化国家、全面推进中华民族伟大复兴历史进程的根本保证。强调"务必不忘初心、牢记使命",旨在警示全党同志始终以钉钉子精神,践行党的初心使命,发挥历史主动性,为实现党在新时代的历史使命不懈奋斗。中华民族伟大复兴,绝不是轻轻松松、敲锣打鼓就能实现的。强调"务必谦虚谨慎、艰苦奋斗",旨在要求全党同志在"乱花迷眼""乱云飞渡"的复杂严峻形势中保持足够清醒,保持胜不骄、败不馁的政治定力,以团结奋斗精神破除前进道路上的一切艰难险阻。强调"务必敢于斗争、善于斗争",旨在昭示全党同志必须发扬伟大建党精神,赓续红色血脉,传承红色基因,增强忧患意识,坚持底线思维,坚定斗争意志,增强斗争本领,最终赢得斗争胜利,奋进新征程,建功新时代。

  打铁必须自身硬,打最硬的铁必须是铁打的人。"三个务必"是党中央向全党同志提出的更新、更高标准的政治要求。新时代新征程,强调并坚持"三个务必",归根到底,旨在做到"两个确保",即确保党永远不变质、不变色、不变味,确保党始终成为中国特色社会主义事业的坚强领导核心,巩固党的长期执政地位,使我们的红色江山世世代代传下去。

结束语 归根到底是马克思主义行,是中国化时代化的马克思主义行

习近平新时代中国特色社会主义思想是中国化时代化的马克思主义的重大理论创新成果。这一理论创新成果,以全新视野深化了对共产党执政规律、社会主义建设规律、人类社会发展规律的认识,指导新时代中国采取一系列战略性举措,推进一系列变革性实践,实现一系列突破性进展,取得一系列标志性成果,推动我国迈上全面建设社会主义现代化国家新征程。

如果不能完整、系统、深刻地把握习近平新时代中国特色社会主义思想的世界观和方法论，以及贯穿其中的立场观点方法，我们就不能真正领悟习近平新时代中国特色社会主义思想的精髓要义，就不能真正领悟习近平新时代中国特色社会主义思想的道理学理哲理，也就不能真正运用习近平新时代中国特色社会主义思想来指导实践、推动工作。

"六个必须坚持"深刻揭示了习近平新时代中国特色社会主义思想根本的政治立场、彻底的理论品格、独有的精神气质和科学的思想方法，它们构成相互联系、内在统一的有机整体，是习近平新时代中国特色社会主义思想的精髓和灵魂。

一、充分体现了我们党坚定信仰信念、把握历史主动的思想自觉和理论自信

习近平总书记在党的二十大报告中首次提出"两个行"的重要论断，这是从中国共产党百年奋斗历程中得出的历史性结论，充分体现了我们党坚定信仰信念、把握历史主动的思想自觉和理论自信。

中国共产党一成立，就把马克思主义写在自己的旗帜上。拥有马克思主义科学理论指导是我们党鲜明的政治品格和强大的政治优势。一百年来，党领导人民创造了新民主主义革命的伟大成就、社会主义革命和建设的伟大成就、改革开放和社会主义现代化建设的伟大成就、新时代中国特色社会主义的伟大成就。党和人民百年奋斗，书写了中华民族几千年历史上最恢宏的史诗。历史已经证

明并将继续证明,中国共产党"能"。

坚持和发展中国特色社会主义是改革开放以来党的全部理论和实践的主题,中国特色社会主义是实现中华民族伟大复兴的必由之路。我们党始终强调,中国特色社会主义既坚持科学社会主义基本原则,又根据时代条件赋予其鲜明的中国特色。经过长期努力,中国特色社会主义进入新时代。这个新时代,是中国特色社会主义新时代,而不是别的什么新时代。历史已经证明并将继续证明,中国特色社会主义"好"。

一百余年来,马克思主义中国化时代化的接续推进与中国化时代化的马克思主义的接续创新相辅相成、相得益彰。习近平新时代中国特色社会主义思想是中国化时代化的马克思主义的重大理论创新成果。这一理论创新成果,以全新视野深化了对共产党执政规律、社会主义建设规律、人类社会发展规律的认识,指导新时代中国采取一系列战略性举措,推进一系列变革性实践,实现一系列突破性进展,取得一系列标志性成果,推动我国迈上全面建设社会主义现代化国家新征程。

马克思主义之所以行,是因为它揭示了客观世界特别是人类社会发展的一般规律,为我们认识世界、改造世界提供了科学的世界观和方法论。马克思主义是中国共产党人的"真经"。中国化时代化的马克思主义之所以行,是因为它赋予马克思主义这一普遍真理新的生命活力。中国共产党用百年探索取得的伟大成就证明并将继续证明,马克思主义没有辜负中国,中国也没有辜负马克思主义。

二、牢牢把握习近平新时代中国特色社会主义思想的世界观和方法论

习近平新时代中国特色社会主义思想坚持马克思主义的世界观和方法论，运用马克思主义立场观点方法，聚焦新的时代命题，凝结新的思想精华，总结开创性独创性的实践经验，以崭新的思想内容丰富和发展了马克思主义、中国化时代化的马克思主义，形成了一个系统全面、逻辑严密、内涵丰富、内在统一的科学理论体系，必须长期坚持并不断丰富发展。

世界观与方法论是一致的，有什么样的世界观就有什么样的方法论。世界观指导方法论，方法论贯彻世界观。与方法论相比，世界观更具有根本性。真学真懂真信真用习近平新时代中国特色社会主义思想，不仅要"知其言"，还要"知其义"，更要"知其原义"；不仅要"知其然"，还要"知其所以然"，更要"知其所以必然"。这个"义"和"原义"、"所以然"和"所以必然"，其中最主要的就是习近平新时代中国特色社会主义思想的世界观和方法论。如果不能完整、系统、深刻地把握习近平新时代中国特色社会主义思想的世界观和方法论，以及贯穿其中的立场观点方法，我们就不能真正领悟习近平新时代中国特色社会主义思想的精髓要义，就不能真正领悟习近平新时代中国特色社会主义思想的道理学理哲理，也就不能真正运用习近平新时代中国特色社会主义思想来指导实践、推动工作。

三、"六个必须坚持"构成相互联系、内在统一的有机整体

必须坚持人民至上。人民性是马克思主义的本质属性。党的理论、理论创新、理论的生命力与人民、人民的创造性实践、人民的幸福紧密联系在一起。因此，我们要站稳人民立场、把握人民愿望、尊重人民创造、集中人民智慧，形成为人民所喜爱、所认同、所拥有的理论。归根到底就是，使党的创新理论成为指导人民认识世界和改造世界的强大思想武器。

必须坚持自信自立。贯穿其中的一个基本点就是中国的问题必须从中国基本国情出发，由中国人自己来解答。归根到底就是，解决中国问题，创造些新的东西，为发展马克思主义作出新的贡献。

必须坚持守正创新。贯穿其中的一个主要点就是敢于说前人没有说过的新话，敢于干前人没有干过的事情，以新的理论指导新的实践。对待马克思主义，既不能采取教条主义的态度，也不能采取实用主义的态度。归根到底就是，以科学的态度对待科学，以真理的精神追求真理。

必须坚持问题导向。思维始于问题，创新始于问题，发展始于问题。增强问题意识，科学对待问题，对问题进行分类分层，聚焦新问题、深层次问题、急难愁盼问题、重大问题、突出问题。归根到底就是，深刻懂得理论的根本任务是回答并指导解决问题。

必须坚持系统观念。不断提高战略思维、历史思维、辩证思维、系统思维、创新思维、法治思维、底线思维能力，把握好全局和局部、当前和长远、宏观和微观、主要矛盾和次要矛盾、特殊和一般的

关系。归根到底就是,认清我国基本国情,为前瞻性思考、全局性谋划、整体性推进党和国家各项事业提供科学思维方法。

必须坚持胸怀天下。中国共产党是为中国人民谋幸福、为中华民族谋复兴的党,也是为人类谋进步、为世界谋大同的党。归根到底就是,美美与共,全面建设更加美好的中国,推动建设更加美好的世界。

"六个必须坚持"深刻揭示了习近平新时代中国特色社会主义思想根本的政治立场、彻底的理论品格、独有的精神气质和科学的思想方法,它们构成相互联系、内在统一的有机整体,是习近平新时代中国特色社会主义思想的精髓和灵魂。

四、不断赋予科学理论鲜明的中国特色

不断谱写马克思主义中国化时代化新篇章,是当代中国共产党人的庄严历史责任。只有把马克思主义基本原理同中国具体实际相结合、同中华优秀传统文化相结合,坚持运用辩证唯物主义和历史唯物主义,才能正确回答时代和实践提出的重大问题,才能始终保持马克思主义的蓬勃生机和旺盛活力。

坚持和发展马克思主义,必须同中国具体实际相结合,旨在坚持以马克思主义为指导,运用其科学的世界观和方法论解决中国的问题。要不断回答中国之问、世界之问、人民之问、时代之问,作出符合中国实际和时代要求的正确回答,得出符合客观规律的科学认识,形成与时俱进的理论成果,坚持用马克思主义之"矢"去射新时代中国之"的",更好指导新时代中国实践,不断夯实马克

思主义中国化时代化的实践基础。

坚持和发展马克思主义,必须同中华优秀传统文化相结合,旨在让马克思主义在中国牢牢扎根、深入人心。把马克思主义思想精髓同中华优秀传统文化精华贯通起来、同人民群众日用而不觉的共同价值观念融通起来,这是马克思主义中国化时代化的正确路径和科学方法。在中国共产党的视域中,马克思主义的精髓就是坚持解放思想、实事求是、与时俱进、求真务实,就是坚持守正创新。

把马克思主义思想精髓同中华优秀传统文化精华贯通起来,这是因为中华优秀传统文化中蕴含的天下为公、民为邦本、为政以德、革故鼎新、任人唯贤、天人合一等,是中国人民在长期生产生活中积累的宇宙观、天下观、社会观、道德观的重要体现,同科学社会主义主张具有高度契合性。正是因为这种高度契合性,才能实现它们的对接和贯通。这就是古为今用。国无德不兴,人无德不立。如果一个民族、一个国家没有共同的核心价值观,莫衷一是,行无依归,那这个民族、这个国家就无法前进。"人民群众日用而不觉的共同价值观念"[①],主体是人民群众;日用而不觉,意味着共同价值观念深入血液、深入骨髓,须臾不可缺失;日用而不觉,之所以"不觉",是因为发自内心而不是刻意为之,潜移默化,循序渐进,成为深沉的认同。同样是因为高度契合性,才能实现它们的对接和融通。这就是推陈出新。贯通注重的是连贯性,融通注重的是融合性。融通

---

① 《习近平著作选读》第一卷,北京:人民出版社,2023,第15页。

的基础和前提在于贯通,贯通的目的和前景在于融通。通过贯通和融通,不断赋予科学理论鲜明的中国特色,不断夯实马克思主义中国化时代化的历史基础和群众基础。